ARABELLA KIESBAUER

mit Yvonne Wirsing

Nobody is perfect!

BASTEI-LÜBBE-TASCHENBUCH
Band 14 246

© 1999 by TNC Medienverlags GMBH
Deutsche Erstausgabe 1999 by
Bastei-Verlag Gustav H. Lübbe GmbH & Co..
Bergisch Gladbach
Erste Auflage: November 1999
Titelillustration: ProSieben
Bildinnenteil: Fotos mit freundlicher Genehmigung
von Christian Seidel, Michael Tinnefeld, Fred Schuler,
Hans Grunner, Familie Kiesbauer
Umschlaggestaltung: QuadroGrafik, Bensberg
Gesamtherstellung: Ebner Ulm
Printed in Germany
ISN3-404-14246-2

Sie finden uns im Internet unter
http://www.luebbe.de

Der Preis dieses Bandes versteht sich einschließlich
der gesetzlichen Mehrwertsteuer

Inhalt

Vorwort Arabella Kiesbauer	7
Vorwort Yvonne Wirsing (Co-Autorin)	11
Der schönste Beruf der Welt: Quasselstrippe	13
Mein Talkshow-Zoo	35
Mein Körper ist der schönste – oder etwa nicht?	55
Kleine unbekannte Arabella in Amerika	63
Keinen Pfifferling für einen Hanswurst	72
Eine Lausemädchengeschichte in fünf Streichen	79
Mister Pschyrembel	87
Das Kiesbauer-Syndikat	98
Die Abwesenheit eines Vaters	123
Reif für den Pilotenschein	132
Reden ist Silber, Schweigen ist Gold	143
Wer ist der größte Schmuddel-Talker im Land?	158
Der Schmu mit der Prominenz	179
Schlußmoderation	187
Danke	188

Vorwort

Einmal im Leben kommt jeder von uns an den Punkt, an dem er sich fragt: »Was ist eigentlich der Sinn meines Lebens?« Die einen wechseln dann in die Politik oder sonst wohin, die anderen begehen Selbstmord – und ich . . .? Ich schreibe ein Buch! Und wenn ich so zurückblicke, fällt mir auf: An meiner Karriere waren zum größten Teil die anderen schuld: Journalisten, Fotografen, meine Fans, mein Senderchef Dr. Georg Kofler, mein Manager Christian Seidel und nicht zuletzt meine Mama und meine Omi. Ich wurde von dieser Lawine einfach überrollt. In nur fünf Jahren Talkshow-Moderation mutierte ich zuerst zur Kult-Talkerin, dann laut Nachrichtenagenturen zur Talk-Queen und danach plötzlich zu einem »bösen Mädchen«. Aber böse Mädchen kommen überall hin, und man kriegt sie bekanntlich nicht mehr klein. Der Talkshow-Zirkus hat mich zu einem *Homo moderatio bekanntos* in Deutschland, Österreich und in der Schweiz gemacht. Wenn ich mir genau überlege, was ich allein in fünf Talkshow-Jahren erlebt habe, wird mir ganz schwindlig. Es ist ein wunderbares, schillerndes und spannendes Kaleidoskop unterschiedlichster Themen, Menschen, Skurrilitäten und

Vorfälle, dieses Leben als *Homo moderatio*. Und das ist ein Buch wert!

1988 fing ich durch Zufall als Moderatorin beim ORF an, 1993 wechselte ich – auch zufällig – zu ProSieben, und wenn ich die Jahre so zurückzähle, fällt mir auf, ich flackere seit genau elf Jahren über den Bildschirm. Momentan Montag bis Freitag täglich! »Arabella Kiesbauer ist ein TV-Gruftie«, würde jetzt wahrscheinlich Harald Schmidt in die Welt brüllen. Doch die zehn Jahre TV-Dasein haben eine ganze Menge Nebenwirkungen verursacht. Zum Beispiel bin ich laut journalistischem Handwörterbuch eine »Person des Öffentlichen Lebens«. Die Übersetzung für mich als Otto Normalverbraucher ist ganz einfach: »Journalisten dürfen über mich schreiben, was sie wollen. Und Fotografen dürfen mich ablichten wann, wo und mit wem sie wollen!« Dies hat zur Folge, daß man immer etwas Interessantes irgendwo über sich liest. Zum Beispiel regten sich 1995 einige über meine »Kurven« im *Playboy* auf. 1996 wurde ich bei einer Außenproduktion als »Seeungeheuer von Rügen« beschimpft. 1997 krönte mich Deutschland zum männermordenden Vamp. Und im sogenannten Sommerloch 1997 hetzte man sogar einen Scheich auf mich, damit er für eine Million Mark mit mir ins Bett geht.

Ich schwöre Ihnen: Ich wasche meine Hände in totaler Unschuld. Fast alles wurde mir angedichtet. Also lesen Sie selbst nach, wie es wirklich war. Besonders die Geschichte des Schmuddel-Talks. In Amerika hatten sie ihren Clinton-Lewinsky-Skandal. In Deutschland diskutierte man meine Sendung in Grund und Boden. Ende vom Lied: Monica Lewinsky ist jetzt ein superreicher Superstar, und bei mir stiegen die Quoten. Vielleicht verfilmt ein Hollywood-Produzent auch meine Story, dann werde ich superreich. Obwohl reich und prominent zu sein, nicht so wichtig ist. Viel wichtiger sind mir menschliche Qualitäten wie Ehrlichkeit, Offenheit und Direktheit. Und das hat viel mit Reden zu tun. Deswegen talke ich so gerne ohne Schere im Kopf, am liebsten schonungslos offen. Daß ich diese Möglichkeit bekommen habe, dafür bin ich den oben genannten Personen dankbar. Offen reden verursacht aber auch Reibung, da sprühen auch mal die Funken. Die einen regen sich übers Niveau auf, teils berechtigt, teils ein wenig zu subjektiv; andere wieder denken, Talkshows als solche sind grauenvoll. Die Zuschauer wiederum sind offensichtlich interessiert, denn immerhin schauen bei mir jeden Tag über eine Million Menschen zu, andere als die, die so gerne herumwettern. Wie dem auch sei, ich habe diese Heißkalt-Dusche lieben gelernt. Deshalb rechne ich in diesem Buch mit allen ab! Im guten wie im schlechten. Und es gibt noch eine Menge kurioser Geschichten, über die man schmunzelt oder den Kopf schüttelt. In diesem Buch stehen die Begebenheiten eben aus meiner Sicht. Wer bin ich, Arabella Kiesbauer, wirklich?

Dieses Buch ist alles in allem: eine Anleitung für böse Mädchen, ein Ratgeber für brave Männer, ein Wörterbuch für Talkshows und ein Lexikon in Sachen Arabella Kiesbauer. Sozusagen ein Buch für meine Freunde und meine Feinde.

Arabella Kiesbauer, Sommer 1999

Vorwort von Yvonne Wirsing

Augen zu, Ohren zu, Mund zu – ein Phänomen von Talkshows? Denn keiner hat sie je angeschaut, keiner war jemals dabei, und keiner hat jemals ein Wort darüber verloren.

Aber wer guckt dann die Talkshows? Besonders Kritiker und Journalisten beißen sich an dieser Frage fest. Im Grunde genommen gibt es da nichts zum Festbeißen, sondern eher zum Feststellen. Jeder zweite zappt in eine Talkshow. Manchmal ist es jeder dritte. Die Meinungen der Marktforschungsinstitute gehen geringfügig auseinander; auf jeden Fall sind es täglich viele Millionen Menschen. Und wen schauen sie sich an? Talkende Prominente, Akademiker, Sportler, Handwerker, die Hausfrau von nebenan und viele, viele mehr – koordiniert von Moderatoren-Gurus.

In den Jahren der Zusammenarbeit mit Arabella habe ich mich manchmal wirklich gefragt, warum sie seit fünf Jahren tagein tagaus diese Talkshow mit Lust und Laune moderiert und wie sie das durchsteht. Immerhin hat sie bis heute mit mehr als 12 000 Talkgästen in weit über 1000 Talkshows diskutiert. Und die Quoten sagen, daß der Talk-Hunger noch lange nicht gestillt ist.

Das Phänomen Arabella Kiesbauer kann ich mir nur so erklären: Reden ist Arabellas Lebenselixier, schließlich hatte sie extremen Nachholbedarf. Denn Klein-Arabella war so eine Leseratte, daß sie einmal sogar das Sprechen verlernt hat. Erst mit neunzehn Jahren talkte sie sich so richtig süchtig, merkte sie, reden ist ein ganz normales Kommunikationsmittel. Ob am Tresen einer Bar, zu Hause in lockerer Runde oder mit Freunden am Telefon – Reden über ganz gewöhnliche Dinge gehört zum ganz normalen Alltag. Im Grunde geschieht in einer Talkshow nichts anderes. Die einen finden das gut, die anderen primitiv.

Die Talkshow ist ein wesentlicher Bestandteil in unserer Gesellschaft. Wer seine Meinung nicht vertritt, gehört auch nicht dazu. Für einen Talkmaster ist die Talkshow so wichtig wie die Luft zum Atmen. Und für die Talkgäste ist – laut Andy Warhol – die Show Mittel zum Zweck: »Irgendwann wird jeder einmal für eine Minute berühmt sein.«

Warum das so ist? Lesen Sie selbst nach! Was wäre nur, wenn das Zeitalter eines *Homo moderatio* à la Kiesbauer abgelöst werden würde und Talkgäste keine spontanen »Quatschigallis« mehr wären? Würden die Talkmaster dann ersetzt werden von der Herrschaft computeranimierter Lara Crofts? Dann wäre die Talkshow nicht mehr die fernsehgerechte Auferstehung einer Boulevard-Zeitung, sondern irgendein langweiliges »steifes« Computerblatt.

Also: Augen, Ohren und »Quasselorgane« auf!

Yvonne Wirsing, Sommer 1999

Der schönste Beruf auf der Welt: Quasselstrippe

Fernsehen ist wie eine Pferderennbahn: Setzt man aufs falsche Pferd, ist man weg vom Fenster. Deshalb konnte ich mir nie vorstellen, beim Fernsehen zu landen und schon gar nicht auf der Rennbahn »Moderation«. Bis heute sage ich dazu: Es war reiner Zufall. Am richtigen Ort (Wiener Partyszene) traf ich zur richtigen Zeit (mitten in der Nacht) einen Redakteur. Es war eine Begegnung der komischen Art, die einem höchstens einmal im Leben passiert, denn er sagte: »Ich bin Redakteur beim ORF und würde dich gern zum Moderations-Casting einladen. Wo kann ich dich erreichen?« Ich war so überrascht, daß ich ihm ohne wenn und aber meine Nummer gab. Und weil ich ein sehr ungeduldiger Mensch bin, gab ich nach zwei Wochen Warten auf seinen Anruf die Hoffnung auf. Ich wünschte den Typen zur Hölle und träumte von meinem Leben im Kulturmanagement, schließlich studierte ich etwas Bodenständiges namens Theaterwissenschaften. Was wollte dieser Trottel überhaupt von mir, schließlich bin ich häßlich, habe eine Knubbelnase, bin ohne Brille halbblind und leide unter dem Anti-Spiegel-Syndrom, was so viel heißt wie, ich kann mich nicht selber im Spiegel ansehen. Deshalb laufe ich manchmal mit Zahnpasta im Gesicht herum. Außerdem war ich kein Fernseh-Freak, außer Western und *Dracula*-Filmen mit Christopher Lee kannte ich nichts. Und die *Dracula*-Filme nur zum Teil, weil ich die Bettdecke bis hoch zur Nase zog, um sie in gruseligen Momenten schnell über die Augen zu ziehen. Ich faßte den Entschluß: Ich brauche kein Fernsehen, und das Fernsehen braucht mich nicht. Somit blieb ich die kleine Arabella, wie sie meine Oma und meine Mutter kannten: introvertiert, schüchtern und immer mit einem Buch vor der Nase. Lieblingsbücher von Boyle, Fallada, Amelie Nothombs und Emile Zola verschlang ich sowieso fünf- bis siebenmal hintereinander. Für die Außenwelt schwer vorstellbar. Die hielt mich für dumm, denn wenn ich mit meiner Mutter unterwegs war, redete ich fast nichts. Da kam es schon mal vor, daß meine Mutter lautstark meinte: »Sag doch was, Arabella. Du bist doch ein intelligentes Kind, Arabella!« Doch ich kam nicht zu Wort, weil sie ohne Punkt und Komma ihre Vorträge hielt. Und meine Gedanken waren sowieso bei meinen Büchern. Überhaupt wäre meine Mutter eine gute Moderatorin mit ihrem »Dauerquasseln«. Aber die Schauspielerei ist ihr wie auf den Leib geschnitten. Manchmal bastle ich auch an meiner Schauspieler-Karriere und nehme von Zeit zu Zeit auch kleine Nebenrollen an. Wer weiß, was daraus wird? Das Leben ist voller Überraschungen.

Deshalb wunderte es mich nicht, als sage und schreibe nach einem halben Jahr (März 1988) jemand vom Österreichischen Rundfunk (kurz ORF) anrief, um mich für ein Casting zu einer Jugendsendung einzuladen. Ich sagte höflich ab, schließlich paßte mir das überhaupt nicht in den Kram, weil ich zu meinem Freund nach Brüssel wollte. Der Hans war das übrigens noch nicht. Doch meine Mutter redete mir ins Gewissen, nach dem Motto: »Kind, du verpaßt was.« Und in einem hatte sie recht, es war ein ziemliches Hin und Her mit meinen Berufswünschen. Einmal war es die Schauspielerei und ein anderes Mal war es die Architektur, die mich faszinierte. Also verschob ich ihretwegen meinen Flug und ging genervt zum ORF. Mit elf anderen potentiellen Kandidaten saß ich in einem miefigen, kleinen geweißelten Raum. Die Neonlichter waren so grell, daß meine Augen leicht tränten. Die Decke war schon leicht angegraut, man merkte, hier wird viel geraucht. Eine junge, taffe Fernseh-Frau machte uns klar, daß in zwanzig Minuten Showtime sei und wir mit drei selbstverfaßten Moderations-Texten unserer Wahl vor die Kamera treten müßten. Gequält schrieb ich vier Zeilen und dachte nur: »Ich muß mich beeilen, um von hier wieder schnell verschwinden zu können.« Einige der elf anderen Kandidaten waren ganz nervös, als ob ihr ganzes Leben von diesen paar Zeilen abhängen würde. Ich lachte innerlich, was manche veranstalten, um Moderator zu werden. Heute weiß ich, viele setzen alle nur möglichen Hebel in Bewegung, um ins Fernsehen zu kommen. Erst kürzlich lachten einige Mitarbeiter von ProSieben über folgende Bewerbung: Ein attraktiver Mann, so um die 28 Jahre, schickte ein VHS-Tape mit selbst geführten Interviews. In seinem Anschreiben wies er deutlich darauf hin, was für ein hoffnungsvolles Talent in Sachen Moderation er sei. Also schauten sich einige die Kassette an und trauten ihren Augen nicht. Dieser junge Mann interviewte nur Vierbeiner. Professionell stellte er seine Fragen über Politik, über Sport und über

Leute. Und professionell hielt er das Mikro an die Hundeschnauze. Das Ende vom Lied: Alle lachten herzlich über ihn. Er bekam den Beinamen »hundsmiserabler Moderator« und einen netten Absagebrief.

Auf so eine Idee wäre ich im Traum nicht gekommen, ich träumte ja nicht von diesem Beruf. Doch wie das Leben so spielt, brachten mich folgende magische Worte ins TV: »Hey Babes and Jung-Babes. Ihr seid richtig. Es ist nicht Radio ›39 New York‹, nein, dies ist immer noch ›X-Large‹. Ich bin eure neue Moderatorin. Mein Name ist Arabella, und ich hoffe, wir haben viel Spaß miteinander!« (Text völlig frei und aus dem Stegreif schnell erfunden.). Dabei grinste ich zynisch und permanent in die Kamera. Und vor lauter Wut (schließlich könnte ich jetzt schon in Brüssel sein) hatte ich kein Lampenfieber, welches mich bald und ständig begleiten sollte. Ad hoc verließ ich das Studio, um meinen Flieger nach Brüssel zu bekommen.

Per Telefon erzählte mir meine Großmutter zwei Wochen später von einem DIN A4 großen Umschlag, abgestempelt vom ORF, welcher mir per Einschreiben zugestellt wurde. Sie öffnete ihn für mich, blätterte in den Seiten und sagte stotternd: »Mein Kind, das ist ein Moderationsvertrag.« In diesem Moment dachte ich, dem ORF ist bestimmt ein Fehler unterlaufen – oder der österreichischen Post. Zwei Wochen nach dem Casting – März 1988 war ich ein *Homo moderatio* beim ORF, zuständig für die Jugendsendung »X-Large«.

Von da an gehe es bergauf, dachte ich. Aber ich merkte schon sehr bald, daß es mehrere Arten von *Homo moderatios* gab. Manche hatten Angst, man könnte ihr Feld abgrasen, deshalb schlossen sie die Schotten in Sachen Redaktion. Doch die Redaktion ist für den Moderator so wichtig wie das Werkzeug für einen Schlosser. Nur mit einer guten Redaktion, die inhaltlich den Moderator unterstützt, kann es eine gute Sendung geben. Schon vom Praktikanten (der Schlosserlehrling in einer Werkstatt) wurde ich sabotiert. Denn der Praktikant wurde für alles mögliche abgestellt, nur nicht für mich. Mir durfte er zum Beispiel bei den Recherchen nicht helfen. Von Telefonnummern bis hin zum Beschaffen von Drehgenehmigungen mußte ich alles alleine organisieren. Andere Moderatoren meinten, sie seien die besten und keiner könne ihnen das Wasser reichen, sie strotzten vor Arroganz und waren sehr zugeknöpft. So fühlte ich mich teilweise wie Robinson Crusoe auf seiner Insel. Und das beim ORF. Da kam mir ein Anruf von 3sat ganz recht, der mich zusätzlich einmal im Monat für das Dreiländerstädte-Magazin »Inter-City« nach Zürich bzw. Berlin holte.

Mittendrin lernte ich aus heiterem Himmel meinen langjährigen Freund Hans kennen. Bei einem ORF-Dreh für »X-Large« (Modenschau von Wiener Jungdesignern) tauschten wir Telefonnummern aus. Mehr darüber können Sie in einem späteren Kapitel lesen. Ich arbeitete hart, und mein Ehrgeiz und meine Leidenschaft ließen einige erblassen. Zu dieser Zeit entwickelte ich die Sportart »Durchbeißen«, egal wie dick die Wadeln oder wie hoch die Berge waren. Schließlich darf man sich nichts gefallen lassen. Zu dieser Zeit bekam ich allerdings vor lauter Gram und Ärger Probleme mit meiner Bauchspeicheldrüse und meinem Magen. Einmal durch das ungeregelte Essen im TV-Streß und zum anderen, weil mir die fiesen Methoden der anderen *Homo moderatios* sprichwörtlich auf den Magen schlugen. Einziger Lichtblick: Die Pressestelle gab meine private Telefonnummer raus, und ich freute mich, als ab und zu ein Journalist anrief, um etwas über die noch nicht so bekannte Quasselstrippe Arabella zu erfahren. Das waren noch Zeiten.

Meine Vorstellungen vom Fernsehen und meiner Karriere als Moderatorin waren bis dahin sehr begrenzt. Doch das änderte sich schnell bei einem Sender namens ProSieben. Hier wehte ein ganz anderer Wind. ProSieben-Chefredakteur Jörg van Hooven, den ich bis dahin überhaupt nicht kannte, arrangierte telefonisch ein Treffen mit mir. Juli 1991 kam er extra meinetwegen nach Wien. Er erzählte mir von seiner Vision einer Oprah-Winfrey-Talkshow und elektrisierte mich damit. Einziger Haken an der Sache: mein durchschlagender »Wiener Akzent«. Mit diesem »Slang« würde mich in Deutschland keiner verstehen, war van Hoovens Meinung. So schnell, wie er in mein Leben trat, war er wieder weg. Jörg hatte als Norddeutscher fünf Jahre in Amerika gelebt, eine Amerikanerin geheiratet, und so war aus einem »Piefke« (sagen wir Ösis zu allen Deutschen!) ein US-mäßiger Cosmopolit geworden. Er brachte mich gleich in Kontakt mit meiner schlimmsten Schwäche: Ich kann nämlich nur sehr wenig Kritik vertragen. Noch Tage später ärgerte mich seine Rüge an meiner Aussprache, obwohl ich mein bestes Deutsch überhaupt in meinem Leben bei diesem Essen mit ihm gesprochen hatte. Außerdem halte ich Wienerisch für die charmanteste Sprache auf dieser Welt. Es gibt nichts Schöneres als Wiener Schmäh. Wiener raunzen den ganzen Tag: »I wüüüü net. I kaaaan net.«

Und wenn man nachfragt: »Ja um Gottes willen, was is denn los?«, dann heißt es nur: »Wieso, uns gäht's doch wundaba!« Göttlich! Heute muß ich zweifellos zugeben, daß ich damals wirklich ein schreckliches Kauderwelsch von mir gab. Eine Sprechlehrerin brachte das – und mein Sprechtempo – auf Vordermann. Zu Beginn meiner Talkshow zweifelte ich nämlich an meiner Sprechgeschwindigkeit, denn wenn man gewöhnt ist, Wienerisch sehr langsam, gedehnt und gemächlich zu sprechen – böse Zungen sprechen von »Lahmarschigkeit« –, dann holt kein Ösi die Deutschen tempomäßig ein. Auch im Essen und Trinken sind die Österreicher gemütlicher. Man läßt sich für die guten Dinge im Leben eben Zeit.

Übrigens: Die berühmten Mozartkugeln schmecken mir überhaupt nicht, die sind mir viel zu süß. Dafür übertreibe ich in Sachen Sachertorte! Wenn Freunde auf Besuch kommen, müssen sie mir immer eine frische Torte direkt aus dem Hotel Sacher hinter der Oper mitbringen. Schon bei dem Gedanken an Sachertorte läuft mir das Wasser im Munde zusammen. Auf einen Schlag esse ich die ganze Torte plus frischen Schlagobers (so nennt man in Österreich die Schlagsahne), bis mir übel wird. Bei Süßigkeiten kann ich generell schwer widerstehen.

Jedenfalls flog ich zwei Wochen nach dem Gespräch mit Jörg, dem »Dialektverächter«, zum Casting nach Deutschland. Vier Wochen später (August 1991) fing ich bei dem Münchner Sender als Programmansagerin an. Eine Blitzkarriere wie aus dem Bilderbuch, hieß es, und ich wunderte mich, daß damit ich gemeint war. Einige Monate später lüftete Chefredakteur Jörg van Hooven sein ernüchterndes Geheimnis, warum er gerade auf mich so fixiert war. Es war Schicksal: Er war gerade mit seiner frisch angetrauten Frau nach München gekommen, hatte im Arabella-Hotel übernachtet, im TV gezappt, mich gesehen und sofort an Oprah Winfrey gedacht. Die Ähnlichkeit liegt ja auf der Hand: Sie ist schwarz, ich bin schwarz. Am nächsten Tag hatte er mich schon beim ORF angerufen.

Aber wie beim Roulette spielen war mir klar, beim Setzen auf die falsche Farbe kann man alles verlieren. Ich ging das Risiko ein. Die deutsche Presse feierte mich: »Meisterhafter Export aus Wien«. Bin ich etwa ein Produkt? Wieder mal lernte ich etwas fürs Leben, aber es war mir egal. Erst mal sollte ich das Programmansagen üben.

Es machte mir tierisch Spaß, obwohl man zugeben muß: Die intelligenteste Herausforderung war es nicht. Schließlich erzählt man nur, wer mit wem und wann zu sehen ist. Weil ich mir nicht klar war, ob ich das wirklich wollte, führte ich aus Sicherheitsgründen eine ganze Zeit lang ein Leben aus dem Koffer. Ich pendelte zwischen ORF, 3sat, ProSieben, doch an Wien hing mein Herz: »Man kann einen Wiener aus Wien herausnehmen, aber nicht Wien aus einem Wiener!« Also wartete ich ab. Und die Telekom freute sich: 500 Mark im Monat durch meine Telefongespräche nach Österreich waren keine Seltenheit.

Nach einigen Wochen »würfelte« mein Chefredakteur sechs Leute aus dem Hause zusammen, und die Vision von einer Show à la Oprah Winfrey wurde Wirklichkeit. Ich mußte mich zwischen ProSieben und den anderen Sendern entscheiden, denn Dr. Georg Kofler wollte mich exklusiv ans Haus binden und zum neuen Sendergesicht aufbauen. So sagte ich den Öffentlich-Rechtlichen ade und begab mich Ende 1993 endgültig in die »Höhle der Privaten«. Diesen damaligen Modeausdruck hörte ich das erste Mal von einigen Redakteuren in der ORF-Kantine. Man riet mir davon ab, zu ProSieben zu wechseln. Vor zehn Jahren war es nämlich üblich, daß ein Wechsel von einem öffentlichen zu einem privaten Sender bedeutete: »Es gibt kein Zurück mehr.« Heute haben sich die Zeiten geändert. Redakteure und Moderatoren wechseln von den Privaten zu den Öffentlich-Rechtlichen und umgekehrt.

Jörg van Hooven unterstützte mich nach allen Regeln der Medienkunst. Er scheute keine Mittel, um mich für meine neue Show zu »briefen«. Deshalb flog ich als Publikumsgast zu Oprah Winfrey nach Chicago, um der Talkqueen etwas abzuschauen. Und war entsetzt. Sie kam ins Studio, drehte ihren Hintern zum Publikum, beugte sich nach vorn, nahm ihr Sakko hoch und sagte: »Schaut her. Ich habe einen fetten Arsch und sehe aus wie eine blöde Kuh!« Das Publikum quiekte, klatschte und schrie: »Du siehst super aus, Oprah!« So komisch das war, so sehr dachte ich aber auch: »Das kann doch keine Talkshow sein!« Bei uns in Österreich nannte man so etwas Aktions-Kunst. In Deutschland, dachte ich, ist das sicherlich ein Tabu und gar nichts wert.

Mir war damals noch gar nicht klar, was mir später, viele Jahre nach diesem Erlebnis, blühen sollte. Nämlich daß ich selbst plötzlich mit meiner Show auf der Abschußliste von Leuten stehen würde, die sagen: Das ist doch keine Talkshow – dieses Niveau dürfen wir den Zuschauern am Nachmittag nicht zumuten! Wenn ich das gewußt hätte... Und wenn mir früher klar gewesen wäre, was es für mich bedeuten sollte, Hunderte, ja über tausend Sendungen zu moderieren, ... Dabei bleibt zum Beispiel auch mal der Überblick, die Distanz zu mir selbst und das Feingefühl für Themen und für meine Gäste auf der Strecke. Was passiert ist, als die Fernsehkritiker Jahre später öffentlich das Wort »Schmuddel« mit dem Begriff »Talk« in Verbindung gebracht haben, und wie sich das für mich darstellte, werde ich etwas später beschreiben.

Wäre ich nur meinem damaligen Bauchgefühl gefolgt, das mir sagte: So etwas macht die deutsche Moral nie mit. Dieses Bauchgefühl ging im »Honeymoon« meiner Talkerleidenschaft ordentlich baden. Fünf Monate lebte ich zunächst wie eine süchtige Sklavin fürs TV. Sieben Uhr aufstehen, Fahrt zum Sender, ständiges Flitzen zwischen Redaktion und Studio. Manchmal putzte ich sogar den Studioboden. Ich verliebte mich in diese intensive Fernsehwelt über beide Ohren. Es gab keine klaren Arbeitsaufteilungen, und ehrlich gesagt, machte es mir auch nichts aus, vor den Technikern zu fegen. Meiner Omi wären wahrscheinlich bei diesem Anblick die Augen aus dem Kopf gefallen, denn zu Hause machte ich haushaltstechnisch überhaupt nichts. Ich wußte kaum, wie ein Besen ausschaut. Es hängt halt alles von der Motivation ab. Und da war mir das Fernsehen lieber. Meine mangelnde Putzhilfe zu Hause wurde auch nicht groß thematisiert, denn meine Omi war sich sicher: »Wenn einem der Richtige über den Weg läuft, interessiert man sich automatisch fürs Kochen und fürs Putzen.« Damit landete sie einen Volltreffer, wie mich die Erfahrung einige Jahre später lehrte. Denn mit meinem jetzigen Freund Fred probiere ich jedes Rezept selbst aus. Manchmal gibt es Katastrophen in der Küche, wie zum Beispiel verbrannte Ente. Aber dann sage ich mir immer: »Aller Anfang ist schwer!«

Durch den ganzen Anfangsstreß beim TV blieb mir jedoch für solche Selbsterfahrungen wenig Zeit. Ich dachte immer, später hätte ich mehr Zeit. Dem war aber nicht so. Mein Job beim Fernsehen mutierte zum Dauercocktail. Wenn so gegen 19 Uhr in der Redaktion mal Ruhe eingekehrt war, war Querlesen von Zeitschriften und Zeitungen wegen der ständigen Suche nach guten Themen angesagt. Vor 22 Uhr kam ich nie nach Hause. In meiner Wohnung standen monatelang meine Umzugskisten aus Wien, denn Zeit zum Auspacken hatte ich nie. Und so richtig wollte ich mich auch nicht wohl fühlen, denn mein Heimweh nach meinem 9. Bezirk, meinem geliebten Alsergrund, war unbeschreiblich stark. Ich liebte einfach alles an Wien, die schönen alten U-Bahnhäuschen im reinsten Jugendstil, den Dom, die Kärntner Straße, den Prater, und ich vermißte meinen Freund Hans, der in Wien geblieben war, und meine Omi. Und die »Fernsehtrabantenstadt« Unterföhring (bei München) konnte man mit Wien nun gar nicht vergleichen. Null Jugendstil. Ein Neubau nach dem anderen. Keine U-Bahnstationen von Otto Wagner, architektonisch nicht erwähnenswert. Ich bewohnte damals eine kleine Zweizimmerwohnung, nicht weit vom Sender. Flair hatte die Gegend wahrlich nicht, und mein Heimweh wurde immer schlimmer. Tag und Nacht brüteten wir über der Frage nach dem richtigen Konzept. Wir probierten wirklich alles aus. Genau acht Probesendungen (im TV-Slang als »Piloten« bekannt) drehten wir hintereinander ab, im Sitzen, im Stehen, und keine war sendereif. Die Themen wechselten von Autoknackern über Geiselgangster bis hin zu Callboys. Einmal orientierten wir uns an Hans Meiser, dann wieder mehr an Oprah Winfrey. Unser Chefredakteur Jörg van Hooven kreierte ein intensives und kreatives Arbeitsumfeld. Ich kam mir vor wie in einem Vogelnest, in dem ich als Ei lag. Das Problem war nur, daß ich noch nicht wußte, welcher Vogel ich werden wollte. Deswegen holten wir uns Inspirationen bei anderen. Es war ein richtiger »Talkshow-Test-Marathon«. Wir waren zwar ein junges, engagiertes, begeisterungsfähiges Team – aber ehrlich gesagt, von Talk hatten wir alle keine Ahnung. Wir wußten nicht, woher man gute Talkgäste bekommt, und wir wußten nicht, was will das Publikum überhaupt sehen. So einen jungen Talk, von einem »Jungspund« wie mir moderiert, gab's damals ja auch noch nicht in Deutschland. Anfangs arbeitete ich noch mit Teleprompter, nach fünf Sendungen hatte ich die Schnauze voll, denn es machte mich verrückt, wenn neben dem Kameramann ein Text lief, den man eins zu eins übernehmen sollte. Ich brauche immer genügend Moderationsfreiraum und mag mich nicht auf vorgeschriebene Texte fixieren lassen. Dann dokterten wir an den Kameras herum. Aus zwei wurden letztendlich vier, und eine davon kreierte den Arabella-Stil: Schnell, flippig und frech. Die Frechheit legten jedoch meistens die Kameramänner an den Tag, die mit ihren Linsen in tiefe Dekolletés reinzoomten und oft Brustbehaarungen unter die Lupe nahmen. Das Ganze auf Anweisung des Regisseurs, der auch ständig auf der Suche war, wie man eine Talkshow am besten bildlich umsetzt. Unser Stil wurde Kult.

Unsere Köpfe qualmten. Aber Streß hat sich noch nie positiv auf mein Immunsystem ausgewirkt. Kurz vor Start der Talkshow war meine Stimme weg. Zuerst dachte ich, eine Grippe ist im Anflug. Erstes Anzeichen: Heiserkeit. Doch eines Morgens kam ich ins Bad und merkte, ich bekomme keinen Ton mehr raus. Linksseitige Stimmbandlähmung diagnostizierte mein Arzt. Die Gesundheit spielte mir schlichtweg einen Streich. Zwei Monate lang übernahm Michael Lindenau, ein Moderator von den Pro-Sieben-Reportern, aushilfsweise meinen Job. Ich war enttäuscht, aber was sollte ich machen. Zweimal schaute ich mir die Sendung im TV an, knipste jedoch immer frühzeitig aus, weil mir die Tränen vor Gram über die Wangen kullerten.

Als meine Stimmbänder wieder mitmachten, wurde das 14-Uhr-Studio für mich leicht in Farbe und Ausstattung geändert. Am 6. Juni 1994 war es soweit: Ich wurde in die Riege der Fernsehmoderatoren aufgenommen. Meine Mutter sagte nur dazu: »Du und eine Talkshow? Du bekommst doch keinen Satz raus!« Danke Mama, daß ich als Kind nie das Wort ergreifen konnte. Wahrscheinlich hätte ich sonst nie diese zweite Seele in mir entdeckt und diese Lust verspürt, über Gott und die Welt mit Tausenden von Leuten über alle Themen des Lebens zu plaudern. Auf einmal war ich vom Dauer-Talken infiziert, wahrscheinlich hatte ich sowieso das Dauer-Talken von meiner Mutter geerbt und erst 1994 aktiviert. Davon bin ich überzeugt, schließlich war ich früher mundfaul, schüchtern und viel zu sehr mit meinen Büchern beschäftigt gewesen. In den Sommerferien – ich war so 13 Jahre alt – verlernte ich einmal sogar das Sprechen. Kein Kunststück, wenn man drei Monate nur mit dicken Papierwälzern sein Leben teilt und mit keiner Menschenseele ein Wort wechselt. Nur das Nötigste entgegnete ich meiner Omi und meiner Mutti. Und jetzt gehörte ich zu Meiser, Christen & Co. Mit Herzenslust quasselte ich mit meinen Gästen über ihre Erfahrungen, Probleme und Ideen. Per Zufall ein *Homo moderatio*.

Die erste Sendung hatte den Titel: »Fremdgehen: Lust oder Laster?« Den Titel kupferten wir bei einer Frauenzeitschrift ab, denn wir wollten im Trend liegen und viele Menschen zum Zuschauen bewegen. Es funktionierte, denn die Einschaltquoten, die für eine Sendung so wichtig sind wie das Salz in der Suppe, übertrafen unsere Erwartungen bei weitem. Ich liebte meine Gäste, und meine Gäste liebten mich. Mein Studio war meine Arena, die ich ein Jahr später in Frage stellte. Denn ein Fanatiker schickte mir Anfang Juni 1995 eine Briefbombe.

Als ich von der Bombe am Telefon erfuhr, bekam ich Gänsehaut. Ich sprang sofort aus der Badewanne, lief tropfnaß in der Wohnung auf und ab und hatte furchtbare Angst. Meine nächste Reaktion: alle Leute anrufen, die mir nahestehen. Nur Anweisungen kamen mir über die Lippen, wie: »Bitte keine Briefe mehr selbst öffnen und momentan nicht allein auf die Straße gehen.« Ich drehte völlig durch. Dann die ersten Interviews. Ein Gefühl zwischen Traum und Realität, denn zur Zeit der Detonation war ich ganz weit weg von ProSieben. Doch meine Assistentin Sabine D. wurde verletzt. Sie hatte Glück im Unglück: Als sie den Brief mit einem Brieföffner aufriß, schaute sie gerade nach links zum TV. Irgend etwas Spannendes lief auf VIVA und rettete ihr das Augenlicht. Denn haarscharf schoß die Bombe wie ein Streifschuß an ihrer Wange vorbei direkt in die Decke. Die Wunde wurde sofort genäht, und als ich den Arzt im Bogenhausener Klinikum anrief, machte er mir klar, daß eine Narbe im Gesicht auf jeden Fall zurückbleiben würde. Ich schreckte zusammen. O Gott, sofort wurde mir bewußt, dieser Attentäter wollte mich und mein Gesicht verstümmeln. Es tat mir in der Seele weh, was meiner Assistentin passierte. Ich fühlte mich schuldig und wünschte, ich hätte diese blöde Bombe abgekriegt. Ich hatte solche Gewissensbisse, daß ich Sabine erst nach vier Tagen besuchen konnte. Der Anblick der Verletzungen ging mir durch Mark und Bein. Sabine meinte, daß sie diese Sekunden nie würde vergessen können. Das ging mir auch so. Das Vergessen fiel um so schwerer, als wir im Februar 1999 gegen den Attentäter in Wien aussagen sollten. Heute bin ich froh, daß so ein Verrückter hinter Gittern sitzt. Teilweise ertappte ich mich dabei, an Selbstjustiz zu denken. Was wäre, wenn man so einen Fanatiker im Gerichtssaal einfach über den Haufen schießt? So, wie es am 6. März 1981 Marianne Bachmaier im vollbesetzten Lübecker Schwurgerichtssaal tat und den Mörder ihrer Tochter erschoß. Kurzer Prozeß, um Seele und Gewissen wieder zu beruhigen.

Therapeutische Gespräche haben mir dabei geholfen, mit diesem Gedanken- und Gefühlskarussell besser umgehen zu können, das sich immer schneller in mir zu drehen begann: Erinnerungen an vergangene Hänseleien kamen in mir hoch. »Aha, da kommt ›Made in Afrika‹!«, hatte man früher in Wien einmal auf dem Gehsteig zu mir rüber gerufen. Und nun hatte es aus heiterem Himmel irgendein Geisteskranker auf dich abgesehen.

Bin ich blöd, ich hätte es ja wissen müssen. Meine Hautfarbe! Das stand auch immer in den Drohbriefen. Ich hatte meine Hautfarbe immer für selbstverständlich gehalten, für normal. Schwarz, dachte ich, wäre wie weiß. Dabei hatte man mich doch in der Schule gehänselt oder auf der Straße. Und das unwohle Gefühl in der Magengegend, als die Presse mich nach meinen ersten Sendungen »Die erste schwarze Moderatorin in Deutschland« nannte, hatte ich auch einfach verdrängt. Weggeschoben im täglichen Talkshowstreß, den ich liebte und der mir aber auch immer mehr als Ausrede gedient hatte, damit ich mich nicht so sehr um mich selbst zu kümmern brauchte. Eigentlich wäre es mir am liebsten gewesen, man hätte meine Hautfarbe in den Presseberichten meiner Fernsehshow gar nicht erwähnt. Bei Biolek spricht man auch nicht über die weiße Haut oder bei Gottschalk über die blonden Haare. Schließlich drehte es sich ja um die Sendung und deren Qualität. Die wurde zwar als gut und neu und »kultig« beurteilt, aber immer wieder tauchte diese »die erste erfolgreiche Schwarze im deutschen Fernsehen« auf. Im tiefsten Innersten hatte mich das verletzt und irritiert. Erst bei dem Attentat brach all dies in mir auf.

Ich konnte dem auch nicht mehr ausweichen. Denn tagelang waren die Ermittler vom Bundeskriminalamt in der Redaktion. Sie fanden nichts. Die Ungewißheit, die sich breit machte, war das Schlimmste. Nach dem Attentat auf mich sah ich in jedem Fremden auf der Straße und in jedem Talkgast in meinem Studio einen Attentäter. Erst nach Monaten besserte sich diese Phobie. Man denkt ans Aufhören im Job, und man fühlt sich beobachtet, egal wohin man geht. Wann wird er das nächste Mal zuschlagen? Nicht mal mehr baden konnte ich, weil die Wanne mich an das Gänsehautgefühl erinnerte. Fast ein ganzes Jahr lang. Andere Drohbriefe vereinfachten nicht unbedingt die Sache, wenn man zum Beispiel liest: »Schafft endlich die schwarze Schlampe im deutschen TV ab« oder die Ankündigung: »Du kommst sicher noch dran.«

Bis heute bekomme ich Drohbriefe, abgesägte Revolverpatronen mit genüßlichen Beschreibungen, was die beim Explodieren in meinem Körper alles anrichten würden und viele der Schweinereien mehr. Alles wird geprüft und gefiltert von meinem Management, dem Bundeskriminalamt und meinen Sicherheitsbeamten. Das, was es in Deutschland offiziell nicht mehr geben soll, brach wie ein Unwetter über mich hinein. Ich glaube, in dieser Zeit damals mußten wir fünfmal die Redaktion und das Studio räumen. Der Grund: Bombenalarm. Es schien irgendwelchen Idioten plötzlich Spaß zu machen, unsere Angst auf die Spitze zu treiben. In solchen Momenten wird das eigene Leben so wichtig, daß man den Rest der Welt vergißt.

Und wenn man wegen seiner Hautfarbe eine Bombe bekommt, zieht es einem irgendwie den Boden unter den Füßen weg. Durch lange Spaziergänge und durch Gespräche mit Freunden und Kollegen versuchte ich mich Stück für Stück wieder aufzubauen nach dem Motto: »The Show must go on, und wenn ich nicht um 14 Uhr antrete, wer dann?«

Durch die Bombe und durch eine Anzahl von Drohbriefen verwandelte sich ProSieben in eine Festung. Ab sofort wurde jeder Brief wie Gepäck am Flughafen untersucht. Und wer zu Besuch kam, mußte einen speziellen ProSieben-Ausweis vorzeigen. Überall wimmelte es von Security. Die Sicherheitsmaßnahmen waren so streng, daß man einmal sogar dem Geschäftsführer von ProSieben, Dr. Georg Kofler, den Weg versperrte, als er auf der Internationalen Funkausstellung in Berlin in Richtung Arabella-Studio ging. Er hatte seinen Ausweis vergessen und verpaßte so meine Sendung. Aber diese Sicherheitsvorkehrungen waren lebensnotwendig und seine Idee. Ich bekam Bodyguards, die ich bis dahin nur aus dem Whitney-Houston- und Kevin-Costner-Film mit dem schönen Titel *Bodyguard* kannte. Denn bei anstehenden Außenproduktionen wollte ProSieben auf Nummer sicher gehen.

Anfangs gab's Arabella mit Bodyguard-Fünferpack, später mit Doppelpack. Es ist schon ein komisches Gefühl, wenn man Frauenutensilien kauft und fünf Männer einen dabei auf Schritt und Tritt verfolgen.

Damals bin ich jedenfalls einmal ausgebüxt. Denn Bodyguards sind auch nur Menschen, und wenn sie denken, ich bin im Bett, hören sie mit der Beobachterei auf und gehen auch schlafen. Diesen Trick hatte ich in meiner Teenagerzeit schon benutzt, nachzulesen in dem Kapitel »Eine Lausemädchengeschichte in fünf Streichen«. Und in der Gunst der Stunde verdrückte ich mich bei unserer ersten Außenproduktion heimlich aus dem Sylter Hotel. Selbst die Redaktion machte große Augen, als ich mutterseelenallein in ihrer Stammkneipe aufschlug.

3 Uhr nachts ging es dann wieder zurück ins Hotel, und bis heute hat mein Ausbüchsen kein Security-Mensch bemerkt.

Mittlerweile habe ich mich an meine Aufpasser so gewöhnt, daß sie mir schon gar nicht mehr auffallen. Am komischsten sind die Blicke der anderen, deshalb entschied ich mich Anfang 1999 für eine »Sicherheits-Frau« an meiner Seite. Alfred Biolek sagte mal in einer seiner Sendungen, wer Bodyguards braucht, nimmt sich viel zu wichtig. Manchmal wird es ihm aber auch mulmig ums Herz, und dann nimmt er sich immer Arko H., einen stadtbekannten Bodyguard, an seine Seite. Besonders Journalisten beißen sich ja immer an der Frage fest, ob Bodyguards nötig sind. Für meine Begriffe ist es sehr angenehm, wenn jemand einem den Weg frei räumt, besonders bei Beleidigungen. Die Herren der Schöpfung sind da extrem schlimm. Einmal passierte es mir, daß einer mich von der Seite anquatschte: »Arabella, wie wär's mit uns heute nacht?« Ich kannte ihn nicht, merkte sofort, er ist leicht alkoholisiert. Es war irgendeine Film-Premiere in München. Er wurde aufdringlich und faßte mich grob an meinem Unterarm, um mich zur Seite zu ziehen. Mein Aufpasser legte Hand an, um ihn von mir und vom Weg wegzudrängen. Was ich gar nicht merkte, der Bodyguard prüfte auch seine Papiere, und etwas später stellte sich heraus, dieser Mann hatte mich schon öfter attackiert, hatte auch perverse Sprüche auf dem Anrufbeantworter in der Redaktion hinterlassen. Das Landeskriminalamt nahm den Mann dann gezielter unter die Lupe.

Manchmal versagen aber auch Bodyguards. Zum Beispiel kam im Juli 1997 ein Mann während einer Party richtig an mich heran. Wir tranken etwas, lernten uns kennen, und zu guter Letzt knutschten wir auf der Terrasse rum. Kein Bodyguard war in Sichtweite gewesen, und ich verliebte mich. Mein heutiger Freund Fred trat damit in mein Leben.

Über die Jahre, ganz genau genommen über fünf Jahre, entwickelt man als Talkshow-Moderator auch seine ganz eigenen Rituale. Erstens fachsimpelt man ständig darüber, warum ein Talkgast in eine Fernsehsendung kommt. Zweitens trinke ich heißes Wasser. Das habe ich, weil ich so gerne verreise, auf einer Ayurveda-Kur in Sri Lanka gelernt. Man entgiftet den Körper, und durch das Wasser nimmt man nicht zu.

Ach ja, Sri Lanka, da fällt mir ein gutes Beispiel in Sachen »Wer sich alles zu meinen Freunden zählt« ein. Denn bei dieser Kur hatte ich flüchtig jemanden aus München kennengelernt. Ein Mann mittleren Alters hatte mich angesprochen, um mir ein Kompliment wegen meiner Talkshow zu machen. Zwar kreuzten sich unsere Wege danach nicht mehr, in München sprachen mich aber ein paar Freunde komischerweise auf diese Begegnung an. Dieser besagte Mann erzählte nämlich überall rum, daß er mit mir im Urlaub gewesen sei. Ich klärte die Situation auf und dachte dabei, wie viele Pseudo-Freunde man als *Homo moderatio* auf einmal hat. Ich regte mich noch ein paar Tage darüber auf, aber wenn einer über eine Quasselstrippe seine Bestätigung braucht, bitteschön. Damit muß ich leben in unserer Welt. Und so etwas ist kein Einzelfall (mehr dazu im Kapitel »Der Schmu mit der Prominenz«).

Mein drittes Ritual: Ich esse in der Garderobe wahnsinnig gern immer das Gleiche, aber immer nur ein Gericht bis zu einem Zeitraum von einem halben Jahr. 100 Sendungen lang habe ich mir zum Beispiel ständig Sushi bestellt. Immer im Hinterkopf, alle Japaner essen rohen Fisch und sind rappeldürr. Somit kann es mir nicht schaden. Zwar kam mir der Sushi bald zu den Ohren raus, dafür fühlte ich mich nicht voll und war nicht gehemmt, zwischen Tresen und Publikum athletisch rumzuspringen. Was mich am meisten ärgert: Auf dem Bildschirm sieht man immer dicker aus. Ein bis zwei Kilo macht wohl so eine Kamera aus, ein Techniker erklärte mir am Beispiel von Spiegeln: Manche machen eben schlank und manche eben dick, und Kameras machen halt im Durchschnitt zwei Kilo dicker. Irgendwann hörte ich dann mit dem blöden Sushi auf, denn bei mir schlug der Sushi nicht an. Ich blieb so weiblich gerundet wie eh und je. Bekam sogar die Pickelmanie wegen der vielen Sojasaucen. Mit meinen Eßgewohnheiten machte ich als Kind sogar meiner Großmutter das Leben schwer. Fast ein ganzes Jahr lang wollte ich Schoko-Palatschinken, eine Art Crêpes mit Schokofüllung. Und wenn's das nicht gab, wurde ich stur und frech. Also blieb meiner Oma keine andere Wahl, als mir jeden Abend meinen Wunsch zu erfüllen.

Nächstes Ritual: Ich schaue regelmäßig RTL und SAT 1, damit ich weiß, was die Konkurrenz talkt. Kürzlich traf ich Bärbel Schäfer, und wir diskutierten, welcher Gast wieder bei ihr und bei mir sein Bestes von sich gab. Ein wirklich interessantes Gespräch, denn oft entdeckt man den Gast noch bei den Talkshows auf den anderen Sendern. Es geschieht auch, daß ein Gast am gleichen Tag in zwei unterschiedlichen Sendungen ist. An solchen Tagen laufen die Hotline-Nummern heiß, und Zuschauer beschweren sich, im Fernsehen sei alles Lug und Trug. Auch meine Redakteure und ich ärgern uns extrem über solche »Talkshow-Hopper«. Besonders seit einem Jahr scheint das immer mehr in Mode zu kommen. Einige Talkgäste belügen uns vorsätzlich am Telefon und machen alles, nur um in eine Sendung zu kommen. Zum Beispiel Hulda aus Fulda, ein Kuriosum sondergleichen. Zum Arabella-Thema: »Ich stehe auf Fette« (22. 3. 1996) tanzte sie mit ihren selbstgebastelten Strapsen auf »Sex Machine« von James Brown. Monate später präsentierte sich Hulda bei einem anderen Privatsender. Quasselstrippen gibt's eben wie Sand am Meer. Sie stehen in Bars, sitzen in Restaurants, zu Hause auf dem Sofa und hängen endlos lang am Telefon. Manchmal denke ich, die Aussage, der aufrechte Gang unterscheide uns vom Affen, ist absoluter Quatsch. Was uns viel stärker unterscheidet ist das Quasseln! Egal wie gequasselt wird. Quasseln ist menschlich, ist spannend, langweilig, aufregend, man lernt dadurch Menschen kennen oder verschreckt welche, es tun sich Abgründe durchs Quasseln auf, oder sie verschließen sich. Der Möglichkeiten gibt es so viele in unserer wunderbaren Quasselwelt. Nur eines muß klar sein: Wenn gelogen wird, ist es bei mir mit dem Spaß am Quasseln vorbei.

Mein Talkshow-Zoo

»Welcher Mann hat Probleme mit Karrierefrauen? Bitte melden unter: 089-...«. So lautete eine unserer ersten Anzeigen, auf der Suche nach Talkgästen. Das waren noch Zeiten 1994: Wir suchten nach Gästen wie nach der Nadel im Heuhaufen. Aber jeder fängt einmal klein an. Nachdem sich niemand meldete, legten wir die Recherche zum Thema: »Powerfrauen« erst einmal auf Eis. Erst nach Wochen stellte sich, auf den ersten Blick, ein kleiner Erfolg ein. Ein Mann flüsterte ins Telefon: »Hallo, ich melde mich auf Ihre Anzeige.« Natürlich wußten wir nicht, welche er meinte. Schließlich waren in der Anfangszeit die Anzeigenblätter voll mit unseren Inseraten. Die Redakteurin fragte nach: »Welches Problem haben Sie?« Der Mann antwortete im Flüsterton: »Ich habe Probleme mit Frauen.« Die Redakteurin: »Warum?« Der Mann: »Ich bin kein Frauentyp.« Im weiteren Gespräch kamen einige Geschichten ans Tageslicht. Trotzdem hatte die Redakteurin ein schlechtes Gefühl dabei. Nach zwei Tagen kam sein Bewerbungsschreiben. Ein nettes Bild, ein langer Brief. Automatisch kam er in unsere Gästedatei, archiviert nach seinen Geschichten: »Gegen Karrierefrauen«. Monate später rief er bei einem anderen

Redakteur zwar unter gleichem Namen, aber mit einer völlig anderen Geschichte an. Diesmal präsentierte er sich uns als Muttersöhnchen zum Thema: »Nesthäkchen«. Wir sagten ihm ab und katalogisierten ihn diesmal unter »wohnt als 40jähriger noch mit der Mutter zusammen«. Es dauerte nicht lange, und er wagte Anlauf Nummer drei. Wieder eine neue Anzeige, ein neues Thema und ein neuer Redakteur. Diesmal behauptete er, seine Mutter würde ihn im Badezimmer einschließen, um sexuellen Spannungen zwischen Mutter und Sohn aus dem Weg zu gehen. Wir verloren langsam die Geduld, sperrten ihn intern als Talkgast, und sein Name landete auf der schwarzen Liste. Nach Monaten legten wir eine Art Talkgast-Archiv an. Er kam auf den Stapel der Kategorie: »Will um jeden Preis ins TV«. Drei Jahre lang spielte er mit uns dieses Spiel, und ich glaube, 1997 habe ich ihn mal als Talkgast bei einer Talkshow auf RTL gesehen, Thema: »Ich suche eine Frau.« Talkshow-Hopper mag ich gar nicht mehr. Da werde ich richtig aggressiv.

Da fängt es an, unwirklich zu werden. Zwar finde ich, daß offen reden Leben ist und daß man immer über alles reden sollte. Ich glaube auch, daß das heute viel zu wenig gemacht wird. Unsere Psychologen haben mir bestätigt, daß eines der größten Probleme von Menschen heute Kommunikationsarmut ist, wobei sie nicht wissen, wie sie da rauskommen können. Wenn unsere Talkshows dazu anregen und Mut machen, sich seinen Freunden und Kollegen gegenüber mehr zu öffnen, nicht nur mit den Problemen, sondern auch mit den Freuden und Verrücktheiten, die wir doch alle in uns haben, dann machen sie auch Sinn. Und dabei war mir immer klar, daß auch Dicke, Dürre, Häßliche, sozial Schwache und andere Gruppen genau so ein Forum bei uns haben sollten wie die Menschen, die alle toll finden. Ich liebte meine Show, weil es eine Show für jeden war. Für diejenigen, die man landläufig »verrückt« nennt, und die anderen, zu denen sich die meisten zählen, die glauben, daß nicht sie, sondern die anderen »verrückt« sind.

Aber es hört sich auf, wenn einer plötzlich meint, über alles reden zu können, und nur so tut, als würde er sich für etwas interessieren, nur um vor die Kamera zu kommen. Unsere Zuschauer müssen sicher sein können, daß unsere Talkgäste über echte Themen und Probleme sprechen. Anliegen, die sie wirklich beschäftigen, bei denen sie das Bedürfnis haben, sie auszudrücken, öffentlich, in meiner Sendung. Das ist das Konzept und die Philosophie. Unsere Gespräche sollen ehrlich und ungeschminkt sein. Sie sollen auch anregen, daß man zu Hause ebenso offen spricht, frei und konstruktiv, und sich aus seinem Schneckenhaus traut. Und dieser Glaube der Zuschauer an uns ist unsere Verantwortung. Wir sind kein Forum für Spinner, die nur ins Fernsehen wollen. Auch nicht für Menschen, die sich einen Wettbewerb daraus machen, wie oft sie es in eine Talkshow geschafft haben, oder die so etwas nur für das kleine Honorar machen, das wir bezahlen.

Im Laufe der Zeit sind uns hier vor lauter Euphorie und im Eifer des Gefechts des täglichen Talkshow-Machens auch Fehler und Pannen passiert. Dafür habe ich schmerzliche Kritik in der Öffentlichkeit geerntet. Meine innere Reaktion war dann immer, daß ich beleidigt war. Die Presse drosch auf mich ein. Man nannte mich »Fernsehfratze« oder »Schmuddelqueen«. Der Unterschied zwischen Image und Privatperson wurde mir damit schmerzlich bewußt. Aber dadurch ist mir auch der Sinn vor Augen geführt worden, warum in einer Mediengesellschaft Kontrollinstanzen nötig sind, warum es gut ist, daß man sich gegenseitig reflektiert, auch wenn es mal weh tut: weil man so weiter kommt. Wir lernen dadurch dazu und wachsen weiter. Wir mußten also mit uns ins Gericht gehen. Es mußte genauer definiert werden, wer bei uns auftreten darf und wer nicht. Leute, die sich drei- und vierfach bewerben, wollen wir einfach nicht mehr. Der Computer macht es möglich, über ein Suchsystem sofort das schwarze Schaf zu finden. Teilweise ohne Erfolg, weil sie natürlich mit fiesen Methoden ihr Ziel erreichen wollen.

Erst kürzlich bewarb sich ein Mann unter falschem Namen. Für 24 Stunden wurde aus ihm sein bester Freund: 32, ledig, Langzeitstudent und flippig. Das Orten ist dann für uns ziemlich schwer. Andere »schwarze Schafe« legen eine Dreistigkeit an den Tag, da schlackern einem die Ohren. Ein Gast trat bei einer anderen Talkshow auf und erzählte dort genau das Gegenteil von dem, was er bei mir erzählt hatte. Mehr als ihn auf die »schwarze Liste« zu setzen, können wir nicht tun. Jedenfalls bewarb er sich fünf Wochen nach seinem Talkshow-Auftritt bei diesem anderen Sender wieder bei uns. Er wollte tatsächlich wieder zu ProSieben in die Show. Was bilden sich solche Leute ein? Halten die uns Fernsehleute alle für superblöd? Am Geld kann es nicht liegen, schließlich zahlen wir nur geringe Aufwandsentschädigungen, und davon wird man nicht reich.

Man muß aber zwischen den TV-Hoppern differenzieren. Mein ältester Talkgast – Ferdinand – zum Beispiel ist ein »Hopper hausintern«. In verschiedenen ProSieben-Magazinen konnte man ihn bewundern. Bei einem Alter von 103 Jahren drückt man jedoch ein Auge zu. Das erste Mal begegnete ich Ferdinand im Mai 1998 zum Thema: »Sexy mit 60«. Ich stellte ihm die geheimnisvolle Frage: »Wer ist dein neues Herzblatt?« Er antwortete cool darauf: »Da wär ich ja dumm, wenn ich das verraten würde.« Zuerst dachte ich, Ferdinand hätte bestimmt meine Frage nicht verstanden, schließlich hört man in diesem Alter nicht mehr so gut. Somit brüllte ich ihm die Frage noch einmal ins Ohr, und er verweigerte schon wieder seinen Kommentar. Kurzerhand holte ich seinen Schwarm einfach ins Studio. Elfriede, 74, kullerten die Tränen, denn überraschend machte er ihr einen Heiratsantrag. Ein richtiges Schlitzohr, schließlich war er noch verheiratet. Mit der 50 Jahre jüngeren Tochter von Elfriede. Deshalb hatten die beiden auch keine so schönen Umstände zusammengebracht. Hinter seinem Rücken hatte Ferdinands Frau Gisela etwas mit einem anderen Mann angefangen. Konsequent trennte Ferdinand sich, und in der Trennungsphase freundete er sich eben mit ihrer Mutter an. Fast ein Jahr später (Ferdinand mittlerweile 104 und Elfriede 75) wollte ich natürlich wissen, was aus den Hochzeitsplänen geworden war. Also luden wir sie zur Sendung »Arabella – diesen Gast will ich unbedingt wiedersehen« (8. 4. 1999) noch einmal ein. Leider läuft seine Scheidung noch, die Hochzeitspläne sind aber noch nicht auf Eis gelegt. Nächstes Jahr lade ich sie bestimmt wieder ein.

Es gibt auch Gäste, die meine Redaktion unbedingt haben wollte. Unter die Gästekategorie »interessant« fiel zum Beispiel die Pornoproduzentin Teresa Orlowski. Sie kam mit ihrem Sohn Sebastian zum Thema »Ausreißer & Nesthäkchen« (14. 7. 1994). Leider weigerte sich kurz vor der Sendung der Sohn, uns Rede und Antwort zu stehen, und so kam seine Mama allein ins Studio. Sie erzählte liebevoll von ihrer in der Öffentlichkeit unbekannten Seite als fürsorgliche Mutter. Witzigerweise lernte ich durch meine Sendung auch ihren Ex-Mann Hans M. kennen. Er kam mit seiner neuen Geschäfts- und Lebensgefährtin Sarah Y. zum Thema: »Pornostars und ihre Partner« (15. 6. 1994).

Aber man lernt nicht nur ganze Verwandtschaftsgemeinschaften kennen, ich bringe in meiner Sendung auch Familien zusammen. Manchmal versuchen wir gezielt zu helfen, manchmal passiert es ganz unversehens. Dann fühle ich mich sogar ein wenig glücklich darüber. Meine Talkshow ist in all den Jahren zu einem Treffpunkt geworden, in dem neben all dem Getalke auch wunderschöne menschliche Begegnungen stattfinden. Sie finden vor, aber auch »hinter der Kamera« in der Garderobe statt. Und es kommt immer wieder, wie man es gar nicht erwartete: Sofort fällt mir die Sendung »Heute öffne ich Dir die Augen« vom 11. 5. 1999 ein. Kerstin Z. (20) hatte in einer Münchner Diskothek einen Typen kennengelernt. Sie hatten miteinander ohne Schutz geschlafen, obwohl sie nicht mehr als nur ihre Vornamen kannten. Sie war schwanger geworden, und er wohnte im Nirgendwo. Wo sie sich kennengelernt hatten, war er nie wieder aufgetaucht. Für Kerstin kam eine Abtreibung nicht in Frage. Also suchte sie ihn via TV am 28. 4. 1999 in meiner Sendung. Er erkannte sie und meldete sich für eine Gegenüberstellung in unserer Redaktion. Wie in einem Märchen sah der Vater am 11. 5. 1999 seine Disko-Bekanntschaft wieder und zum ersten Mal seine bereits sechs Wochen alte Tochter Lisa. Für ihn war klar: »Ich stelle mich meiner Verantwortung.« Ich hoffe, daß ich die beiden in ein paar Jahren als glückliches Paar wieder in einer meiner Sendung begrüßen darf. Vielleicht sind sie meine nächsten Gäste, die sogar live bei mir heiraten werden.

Schon einmal brachten wir, genau genommen am 11. 8. 1998 zum Thema »Romantiker sind wieder in«, ein Paar per Trauschein zusammen. Der Bürgermeister von Unterföhring war bereit, die Trauung vorzunehmen, und so überraschte der 27jährige Kai seine 23jährige Daniela mit einem Heiratsantrag. Das Ende dieser Geschichte: Die Hochzeit fand noch während der Sendung statt. Nach dem ersten Werbebreak hatten die beiden aus Nordrhein-Westfalen Zeit, sich für die Trauung vorzubereiten. Wir hatten ein wunderschönes Hochzeitskleid für sie erstanden, und er entschied sich für einen klassischen Smoking. Spätestens beim Gesang des Gospelchores wurde mir heiß ums Herz, obwohl ich nicht so viel vom Heiraten halte. Aber ich rede hier so schlau daher. Wer weiß, was in ein paar Jahren mit mir geschieht. Mittlerweile hat das junge Paar einen kleinen Sohn. Ich finde das toll, wenn mir meine Gäste noch Monate später in Briefen die Neuigkeiten mitteilen.

Bei so viel Euphorie fällt mir auf Anhieb die nächste Gäste-Kategorie ein: »Mit Arabella Karriere gemacht«. Harald Schmidt hat darauf nur eine Antwort: Ina W. – durch ihre Ähnlichkeit zu einem *Baywatch*-Star (amerikanische Serie mit David Hasselhoff) wurde sie bekannt. Einmal war sie sogar in meiner Show, aber nicht in der Day, sondern in der Night. Das Thema paßte natürlich wie die Faust aufs Auge: »Ich bin besser als das Original«. Daraufhin bereiteten wir auch eine Nachmittagssendung vor: »Pamela Anderson – Ich bin schöner als das Original (24. 1. 1997). Leider hatte sich Inas Honorar verzehnfacht. Da konnten wir nicht mithalten, und Ina blieb fern.

Ich hatte gehört, daß bei Harald Schmidt männliche Fans wegen ihr die Studiotüren einrannten. Und ich hatte genau den umgekehrten Fall: Weibliche Fans prügelten sich um Studioplätze. Der Grund: »Caught in the act«. Am 02.06.1995 freuten sie sich über unsere Einladung zur Arabella-Miss-Wahl. Unsere Wahlen (von verschiedenen Miss-Wahlen bis zur Wahl des Schrillies) wurden alle zu richtigen Institutionen. Und die Boygroup zeigte Geschmack, denn Miss Arabella wurde kurze Zeit später Miss Germany. Nach dem Auftritt bei mir feierte die Band ihren richtigen Durchbruch. Und weil sie dann ständig unter den Top Ten in der *Bravo* auftauchten, war eine Terminkoordinierung sehr schwer. Am 4. 10. 1996 traf ich jedoch ein zweites Mal in der Sendung »Ich liebe Caught in the act« auf die vier. Bastian bekam kurz vor Auftritt tierisches Fieber, doch das hat ihn nicht davon abgehalten aufzutreten. Ich bedauerte es sehr, als ich Ende 1998 von der Trennung der Band erfuhr. Oft macht junge Leute so ein prominentes Leben kaputt. Davon berichteten mir auch meine Gäste in der Sendung »Ich lebe mit einem berühmten Namen« (9. 6. 1994). Giulia S. erzählte zum Beispiel, daß sie eine ganze Zeit lang einen geänderten Familiennamen trug. Ihr ging die ständige Fragerei nach ihrem Vater, einem Musikproduzenten, auf den Keks. Auch für Jenny J. war es offensichtlich, daß viele sie nur als Schauspielerin einkauften, um mit dem Namen des Vaters zu repräsentieren. Was für eine kranke Welt. Damals konnte ich die Erlebnisse nicht so ganz nachvollziehen. Heute weiß ich auch, daß viele nur allzugern mit meinem Namen hausieren. In dieser Sendung lernte ich auch die Schwester von Claudia Schiffer kennen. Carolin war 14, als sie Claudia nur noch in Magazinen bestaunen konnte. Ein Jahr nach Carolins Auftritt bei mir hatte ich sogar das Vergnügen, Claudia höchstpersönlich zu interviewen. Mit Kamerateam schwirrte ich ins Park-Hilton aus. Wir drehten einen Einspieler für die Sendung »Schiffer, Patitz & Co. – der Weg zum Supermodel« (28. 4. 1995). Ich dachte, gleich sitzt mir die schönste Frau der Welt vor der Nase, und war aufgeregt. Zog mir extra ein paar Pumps an, die ich ja eigentlich hasse. Wie geht noch einmal das Sprichwort? »Wer schön sein will, muß leiden.« In diesem Moment traf das voll bei mir zu. Letztendlich hätte ich mir die Mühe nicht machen sollen. Ich empfand sie als sehr natürlich und absolut nicht eingebildet, wie manch andere Weltstars. Aber ich war enttäuscht, weil ich mir ihre Person nicht so unscheinbar vorgestellt hatte. Wenn man jemanden in natura sieht, schaut er sowieso anders aus.

Oft kann so ein Erlebnis auch sehr ernüchternd sein. Zum Beispiel passierte es mir mal, daß man mich morgens bei einem Bäcker mit Arabella Kiesbauer verwechselte: »Sie haben aber viel Ähnlichkeit mit dieser Moderatorin auf ProSieben.« Ich weiß dann nie, was ich sagen soll. Es ist mir dann eher peinlich, die »wirkliche« Arabella zu sein. Also kaufte ich schnell meine Brötchen und ging wieder nach Hause.

Einmal verwechselte ich beinahe das Supdermodel Eva Herzigova mit der PR-Frau von der Firma Wonderbra. Sie war Gast in meiner Sendung »Mein Busen ist der Schönste – Arabella wählt Miss Wonderbra« (21. 12. 1995). In irgendeinem Revolverblatt hatte ich gelesen, Eva hätte sich für diesen Werbevertrag extra die Brüste vergrößern lassen. Das stimmte natürlich nicht. Sie lachte, als ich sie darauf ansprach. Auf solche Schlagzeilen soll man eben nichts geben. So fiel ich auch einmal bei dem norddeutschen Moderator Carlo von Tiedemann gehörig rein. Zum Thema »Sterilisation« lasen wir in der Presse, daß dieser Moderator es nach drei Töchtern bevorzugt hatte, seine Männlichkeit hormontechnisch aufzugeben. Eine Redakteurin rief bei ihm zu Hause an, und er lachte über den Grund unserer Talkshow-Einladung sehr herzlich.

Wenn ich solche Blamagen erlebe, brauche ich immer eine Sonderbehandlung. Und seit fünf Jahren ist dafür mein Regisseur Christian R. da. Ob ich gut, schlecht oder meinungslos drauf bin, er wählt kurz vor Auftritt meine Wörtermedizin. Seit fünf Jahren haben wir vor einer Sendung folgenden Ablauf: Er sagt mir ein Kosewort, dann kommt das Licht, fünf, vier, drei, zwei . . . Applaus und die Studiotür geht auf. Eigentlich ist er als Regisseur fehlbesetzt. Erfinder von Kosewörtern wäre das Richtige für ihn. Und folgende »Medizinwörter« hat er eigens für mich entdeckt: Papuaqualle, Biberbäuchlein, Bärlauchbeuscherl, Samtnase, Blumenkohlröschen, Hasenhaar, Rollmaus, Leiblaus, Quälgeist, Samtpelz, Augenwölkchen, Mondkälbchen, Pflaumennelke, Schafsschenkel, Schweineschwänzchen, Bierpürzel, Goldbutt, Bettgefäsel, Karfiolrunzel, Alphorn, Sumpfsalamander, Glanzzahn, Baumfee, Lichtseide, Vulkan, Meduse, Faltenspalte, Steinassel, Knabberkeks, Wollfluse, Silberzwiebel, Bergwind, Mauchellauch, Himmelszunge, Augenstern, Kornblumenwiese, Sonnenstein, Flohsamen, Linde, Schlammpampe, Schmatzkatze, Zimtzausel, Schimmerstein, Wollgarnknäuel, Muskatnuß, Malvenknospe, Wärmapfel, Feldlerche, Honighörnchen, Safransenf, Rosinenkipferl, Spatz, Regenwurm, Schlagobers, Rehnase, Traubenhaut, Fliegenflügel, Schlappergosch, Schmusewatte, Birnbäumchen, Aprikose, Abendsonne, Sahneschnute, Butterblume, Sonnenschein, Feuerlilie, Zauberstern, Pellkartoffel, Muschelschnur, Funkelstern, Pfirsichpopo, Zukkerplätzchen, Feuerfunke, Mooskissen und viele, viele mehr. Schon allein aus diesem Grund bin ich noch nie mürrisch auf meiner Auftrittstreppe vor der Kamera erschienen.

Am 9. 5. 1999 feierten wir beide unser fünfjähriges Jubiläum, denn am 8. 5. 1994 hatten die richtigen Aufzeichnungen für die Talkshow angefangen. Im Fernsehzeitalter wirklich eine Dinosaurier-Zeit. Er: der Opa in Sachen Regie und immer im Hintergrund, ich: die Oma in Sachen Moderation, immer an der Front. Bei der Sendung fällt einem das gar nicht auf. Zwar sind wir ein eingespieltes Team, jedoch die Gäste überraschen uns immer wieder neu. Unglaublich, wie viele unterschiedliche Menschen es gibt, die man alle lieben kann, wenn man mit ihnen quasselt! Es entsteht eine Eigendynamik im Redefluß, und ich glaube, das ist der Schlüssel zum Erfolg.

Die Idee mit den bewegten Kameras hatte der damalige ProSieben Chefredakteur Jörg van Hooven. Regisseur Christian R., der die Idee realisieren mußte, orientierte sich in der Umsetzung am Eishockey. Dort gibt es zwei Kameras, eine davon ist immer Standby. Wir fingen auch mit zwei an, dann wurden es drei und nach ungefähr 500 Sendungen vier. Die vierte Kamera ist ausschließlich fürs Publikum gedacht. Und wenn man tagein, tagaus gemeinsam in den heiligen TV-Hallen arbeitet, wächst man als Team irgendwie zusammen. Das Schöne ist, daß der Regisseur im Hintergrund mit mir leidet. Beispiel: Eine Hamburger Hafengang. Gästekategorie »Einmalig«. Die Ausdünstungen waren so unbeschreiblich, sogar die Kameramänner hielten einen Minimalabstand von drei Metern. Ich war die einzige, die eine Stunde lang in Sachen eigenartige Gerüche auf Tuchfüllung gehen mußte. Man gewöhnt sich an alles, war meine Erfahrung unterm Strich. Als mich die Kameramänner nach dieser Sendung darauf ansprachen, mußte ich sagen, daß dieser etwas kernige Duft doch sogar ganz ansprechend war.

In solchen Momenten ärgere ich mich, daß Fernseher keine Geruchsknöpfe haben. Wenn Zuschauer riechen könnten, was ich manchmal rieche . . . Am 26. 8. 1994 talkten wir über unangenehme menschliche Gerüche in der Sendung »Männer und Kosmetik«. Promi-Gast: ein Boxchampion. Er beteuerte, an seine Haut lasse er nur Wasser und Frauen. Wer es mag! Jedenfalls erlebten wir im Vorfeld unsere ganz eigene Talkgastgeschichte mit ihm. Ein Mitarbeiter der Sportredaktion einer Tageszeitung steckte uns seine Handynummer. Wir riefen ihn direkt im Auto an mit den einleitenden Worten: »Wir würden Sie gern zu Arabella einladen. Kennen Sie ihre Talkshow auf ProSieben?« Er bejahte, freute sich über die Einladung und sagte spontan zu. Laut seinem Kalender war er an diesem besagten Tage frei. So schnell hatten wir noch nie eine Zusage. Ein paar Minuten später fiel uns auf, jetzt haben wir ihm gar nicht das Thema verraten. Also riefen wir peinlicherweise noch einmal bei ihm an. Er lachte und sagte: »Ich passe zu jedem Thema gut!« Wir hatten das Gefühl, hier handelte es sich um Gäste-Kategorie »Ich freue mich auf jede Einladung!« Also checkten wir seine Geschichten. Letztendlich war er für unser Thema genau der Richtige, denn er setzte auf natürlichen Körpergeruch.

Am 28. 8. 1995 diskutierten wir innerhalb der Sendung »Die neuen wilden Männer«, ob ein Mann oder eine Frau wirklich ein Parfüm braucht. Sofort fällt mir dazu wieder eine Geschichte ein. Ein 41jähriger Mann testete in seiner Freizeit Clubs und verfaßte darüber sogar ein Buch. Eine Art Führer mit Sternchen, wo war es gut, sehr gut und unbefriedigend. Jedoch war er so schlecht gekleidet, daß wir mindestens 10 Minuten darüber konferierten, ob er so auftreten soll oder nicht. Pro Jahr haben wir zwei bis drei Fälle, in denen Leute vor sich selbst geschützt werden müssen. Kategorie: »Gefährlich«. Ein typischer Fall: Eine sehr aufreizend und sehr teuer gekleidete Dame, Barbara S. aus München, kam die Gästetreppe herunter zum Thema: »Was heißt hier modisch – das zieh ich nicht an« (16. 11. 1995). Was der Zuschauer nicht sah und ich im ersten Moment nicht checkte: Sie trug kein Höschen unter ihrem kurzen und geschlitzten Rock. Der Aufnahmeleiter brach sich einen ab, um ihr eine Art Überrock umzuwickeln. Damit die Kameras ihn nicht erfaßten, robbte er auf dem Studioboden rum. Weder Publikum noch Regie, noch Zuschauer, noch ich merkten, was da eigentlich los war. So etwas macht eben mein Team aus: Einer für alle, alle für einen. So kam es auch einmal vor, daß unser Regisseur Hemdgummis für einen Kaufhaus-Millionär organisierte. Zum Thema »Geld macht mich erotisch« (6. 12. 1995) wollte der Ramschkönig (so nannte er sich selbst) Werner M. Rede und Antwort stehen. Doch kurz vor seinem Auftritt bekam er großes Lampenfieber. Der Grund: Er fand seine Hemdsärmel zu lang und hatte Angst, sich vor dem Publikum mit kurzem Blazer zu blamieren. Männer halten untereinander bekanntlich zusammen. Also zog unser Regisseur los und kaufte dem Millionär im nächstgelegenen Supermarkt die richtigen Gummis. Als Belohnung lud er das ganze Team nach der Aufzeichnung in die Müncher Nobelbar »Kay's Bistro« ein. Dieser Spaß hat ihn bestimmt 3000 Mark gekostet. Gästekategorie: »Hält, was er verspricht«. Als ich vorletztes Jahr von seinem Tod nach einer schweren Krankheit erfuhr, tat mir das richtig leid.

Ob er das hält, was er verspricht, fand ich bei dem Millionär Walter T. nie heraus. Vor zwei Jahren wollte ich ihn mal in meiner Sendung haben, weil er für seine fast halb so alte Frau angeblich einen Mann für gewisse Stunden kaufte. Der Millionär sagte uns einmal zu und einmal ab. Der Frage nach der Wahrheit, ob die Presse mit dem Dreiecksverhältnis recht hat, ging er galant aus dem Weg. Zu guter Letzt wollte er noch meine Redakteurin für seine Memoiren haben. Gästekategorie: »Ohne Anstand«.

Auf Anhieb fällt mir zu dieser Gattung noch ein Kandidat ein. Der Schriftsteller Wolf W. Das Telefonat mit ihm wäre reif für eine Soap. Die Redakteurin: »Grüß Gott Herr... Mein Name ist... Ich bin von ProSieben und würde Sie gern in unsere Arabella-Talkshow einladen.« Er brüllte sie an: »Von einer unbekannten Redakteurin von einem blöden privaten Sender möchte ich zu einer noch blöderen Sendung nicht eingeladen werden!« Die Redakteurin war perplex und gleichzeitig verletzt. Sie antwortete nur: »So einen ungehobelten Klotz möchte ich auch nicht in meiner Sendung haben« und legte auf. Wie hätte ich nur reagiert, wenn mir das passiert wäre? Wahrscheinlich hätte ich sofort den Hörer bei so viel Taktlosigkeit fallen lassen. Zumal unser Anruf ganz harmlos und völlig legitim war. Für die Sendung »Babystrich – Anschaffen für den nächsten Schuß« (13. 11. 1996) kam Domenica N. (die bekannteste deutsche Hure) als Gast. Und weil dieser Schriftsteller angeblich lange mit ihr zusammen war und ein mutmaßlicher Kenner des Hamburger Kiez, dachten wir, er sei der ideale Mittalker. Warum er nur so überreagierte, weiß kein Mensch.

Auch ein *Bunte*-Redakteur reagierte mal 1996 bei meinem Night-Thema »Sodomie« sehr heftig und betitelte mich, mein Thema und meine Sendung als »galoppierender Rinderwahnsinn«. Was er nicht wußte, es war ein Journalist, der hinter der Schattenwand über seine Leidenschaft und seine Liebe zu einem Pferd sprach. Gästekategorie: »Äußerst mutig«! Galoppierender Mut ist sehr selten vor der Kamera!

Und ich lebe vom Mut und der Courage meiner Talkgäste. So überraschte es mich, als am 23. 3. 1999 die 39jährige Amerikanerin Frieda mit ihrer Tochter zum Thema »Der Speck muß weg!« mir Rede und Antwort stand. 400 Kilo hatte sie sich durch Kartoffelchips und amerikanisches Fast Food angefuttert. Als ich mich auf die Sendung vorbereitete, dachte ich mir, so etwas gibt es doch nicht. Ungefähr 240 Kilo wiegt sie heute, aber das ist immer noch zu viel. Ein Mensch kann sich doch nicht so viel anfressen, daß er sechs Jahre lang nicht mehr laufen kann. Aber Frieda hat es bewiesen. Sie war so dick, daß sie sich ein »Riesenbettlaken« als Art Kleid umwickeln mußte. Letztes Jahr ging es bei ihr um Leben und Tod. Unbedingt mußte sie von den 400 Kilo runter. 36 Tabletten schluckte sie pro Tag, um zu überleben. Heute ist sie auf dem besten Weg, ihr Traumgewicht zu erlangen. Ich wünsche ihr dafür viel Glück.

Manchmal kenne ich ja auch kein Maß und kein Ziel in Sachen Leckereien. Wenn da ein kleines Fünkchen Verstand nicht wär, wäre ich auch schon längst 300 Kilo schwer. Letztes Jahr besuchte ich mal meine Mama in Berlin, in einer Zeit, wo ich per Heilpraktikerin mein Immunsystem auf Vordermann bringen wollte. Zum Gesundheitsprogramm gehörte kein süßes Zeug. Jedoch tischte meine Mama eine leckere Zucotto, etwas aus Mandelkrokant, Schlagsahne und anderen guten Kalorienbomben auf. Den ersten Abend hielt ich auf Grund meines Gesundheitsprogrammes stand. Den zweiten Abend naschte ich ein bißchen, und dann war es um mich geschehen. Dreiviertel von diesem Ding aß ich auf der Stelle auf. Auf einen Schlag 4000 Kalorien. Natürlich beichtete ich dies meiner Heilpraktikerin, die meinte, ich sei alt genug, um solchen Blödsinn selber zu verantworten. Ich hungere mich nach solchen Eßattacken von meinen »Überpfunden« dann regelrecht wieder runter auf mein Normalgewicht.

Aber es waren auch schon Talkgäste in meiner Sendung, für die gibt es keine Möglichkeit mehr, Geschehenes wieder rückgängig zu machen. Bestes Beispiel: eine junge Frau, süchtig nach Schönheitsoperationen. Sie trat am 27. 6. 1996 zu meinem Thema »An mir ist nichts mehr echt« auf. Vor neun Jahren fing die mittlerweile 39jährige Berlinerin mit ihrem OP-Tourismus an, um den allgemein vorherrschenden Schönheitsbegriff für sich neu zu definieren. Ergebnis: Ein Auge kann sie nicht mehr richtig schließen, weil man bei einer der letzten Operationen das Augenlid zu hoch zog. Und die Nasenlöcher sind unterschiedlich groß und hoch. Eine Korrektur erfolgt, wenn sie sich die Operationen wieder leisten kann. Gästekategorie: »Bedauernswert«. Wenn es medizinisch notwendig ist, sehe ich das Ganze ein. Aber nicht aus Jux und Tollerei. Ich würde mich nie einer Schönheitsoperation unterziehen. Zum einen wegen des gesundheitlichen Risikos, und zum anderen weil man nicht sicher sein kann, ob man danach wirklich besser ausschaut. Anyway, jeder muß für sich wissen, was das Beste ist. Auch, ob er mit seiner Geschichte in meine Sendung kommt.

Einmal gab es einen ganz schweren Fall, Gästekategorie: »Ich kann mich nicht so richtig entscheiden!« Gern wäre der 70jährige Porno-Jäger Martin H. in meine Sendung gekommen, aber die anderen Gäste waren ihm einfach zu unspektakulär. Einerseits war er gegen Pornos, aber andererseits hatte ich den Eindruck, daß er das Umfeld ganz gerne mag – zumindest zum Talken. Man kann über viel mehr Dinge auf alle möglichen Arten reden, und man muß sie nicht notwendigerweise selbst tun. Der Porno-Jäger hatte jedenfalls sein Lebenselixier oder seine Leidenschaft gefunden. Er gab uns eindeutig zu verstehen, daß er, wenn kein Chefredakteur von irgendeinem »Schmierblatt« (seine Worte) oder eine Pornoqueen als Gast käme, er auch nicht den weiten Weg von Österreich zu uns führe. Schließlich habe er Wichtigeres zu tun. Die Redakteurin sah ihn für das Thema »Ich bin ein Lustobjekt für Frauen« (6. 5. 1996) vor und mailte in Frage kommende Kandidaten an. Zwei Wochen lang war sein Auftritt in der Schwebe, denn ein Callboy und ein Stripper genügten ihm immer noch nicht. Als aber ein Chefredakteur zusagte, wurde er richtig »heiß« auf meine Show. Er rückte gleich mit einem römisch-katholischen Priester an und nahm den Bürgermeister seiner Ortschaft mit. Ein sogenanntes »Porno-Jäger-Himmelfahrtskommando«. Man muß in diesem Job mit allen möglichen Dingen umgehen. Und manchmal denke sogar ich, das gibt's gar nicht. Den Überraschungen ist kein Ende gesetzt. Die Sendung machte richtig Spaß, denn meine Gäste machten ihm klar, daß Sex zum Leben gehört wie das Salz in der Suppe. Auf so ein starkes Argument fiel ihm wahrlich nicht mehr so viel ein.

Wenn er wüßte, daß ich mich sogar mal in einen Talkgast verliebte, hätte er wahrscheinlich meine Sendung boykottiert. Thema: »Gesichter der Werbung«, ganz in meiner Anfangszeit im September 1994 passierte es. Wie es der Titel schon sagt, hatte ich bekannte Gesichter der Werbung direkt an meinem Tresen. Es war ein ganz normaler Talk, bis der Italiener Angelo (aus einer Capuccino-Werbung) auftrat.

Es war Liebe auf den ersten Blick, und obwohl er kein Wort Deutsch und ich kein Wort Italienisch sprach, verstanden wir uns blendend. Er gab mir nach der Sendung seine Adresse und Telefonnummer in Rom (wirklich wahr!). Brav wie ich bin, widerstand ich der Versuchung, ihn anzurufen!

Ein Happy-End gab es nicht. Solange ich einen Freund habe, bandel ich mit keinem anderen an.

Das erwarte ich natürlich von jedem entsprechenden Mann. Ich könnte jetzt noch stundenlang über meine tollen Gäste referieren, denn es gibt noch mehr als Hunderte von Geschichten.

Die bewahre ich aber dann lieber für mein zweites Buch auf, vielleicht mit dem Titel: »Arabella Paradisaea Quatschigalla«. So betitelte mich Anfang Mai 1996 die Zeitschrift *Bunte* und attestierte mir damit einen Artenschutz, nach dem Motto: »Sie plappert, wie ihr der Schnabel gewachsen ist . . .« Ich hoffe, ich quatschigalle noch lang.

Zurück zu meinen angeblichen Affären: Einmal glaubte man hundertprozentig, ich hätte etwas mit dem Schauspieler Axel Milberg gehabt, während ich noch mit Hans zusammen war. Ein Foto von einer Affäre mit einer angeblichen weiteren Affäre von mir geisterte durch die Zeitungen. Und so weiter und so weiter. »Jetzt wird wieder eine Sau durch's Dorf gejagt, paß auf!«, warnte mein Manager und erklärte mir das übliche Medienspektakel, das jeden Sommer stattfindet. Da es wenig Themen gibt, weil so viele Menschen im Urlaub sind, haben die Zeitungen anscheinend nicht so viel zu schreiben. Deshalb wirken Themen, die sonst gar nicht so wichtig sind, in den Zeitungen manchmal wie staatstragende Affären, die man in diesem Fall »Mediensau« nennt. Prompt widmete Harald Schmidt im Sommer 1997 eine Sendung diesem Durcheinander um die »Gerüchte-Liebesküche«. Auf seiner CD mit den schönsten Harald Schmidt-Sprüchen sind seine Kalauer über meinen armen Ex-Freund »Opa Hanselmann« (O-Ton Harald) noch heute zu bewundern. Das Thema wurde den gesamten Sommer über tatsächlich überall breitgetreten. So sehr, daß ich in einer anderen Harald-Schmidt-Sendung für mich und Hans eine Lanze brechen mußte. Danke, Harald, für diese Gelegenheit.

Mein Körper ist der schönste – oder etwa nicht?

Wer nicht wagt, der nicht gewinnt«, dachte ich mir, als ein Talkgast mich fragte, ob ich auch nackt vor eine Kamera treten würde. Ich schmunzelte, denn der Talkgast war niemand anderes als der *Playboy*-Chefredakteur. Drei Wochen nach diesem Small Talk kaufte er per Vertrag die Katze im Sack. Schließlich hatte mich bis zu diesem Zeitpunkt noch keiner ohne Klamotten gesehen. Jetzt hatte ich es schwarz auf weiß, im Juli 1995 Arabella Kiesbauer splitterfasernackt für die ganze Nation. Ich fühlte mich wie ein kleines Würstchen: »Einmal Arabella Kiesbauer bitte«, würde es bald in Autobahnrasthöfen und Zeitschriften-Boutiquen heißen. Erst jetzt merkte ich, was ich angerichtet hatte. Mein Innerstes sagte: »Blöde Kuh!«

Wie sollte ich diese Fotoaufnahmen – nackt – überstehen, ich konnte mich zu diesem Zeitpunkt noch nicht mal nackt im Spiegel ansehen. Aber bei einem Ja-Wort gibt es kein Zurück. Das hat mir schon meine Großmutter beigebracht, und Ehrengast bleibt ein Ehrengast. In mir tobte ein Kampf um die Entscheidung, soll ich oder soll ich nicht. Bis zu diesem Zeitpunkt zog sich kaum ein deutschsprachiger Star für das Hochglanz-Magazin aus.

Der *Playboy* biß mit seinen Anfragen überall auf Granit. Elke Jeinsen, die ein kurzes Liebesabenteuer mit Sylvester Stallone vorweisen konnte, ließ Dezember 1994 für das Magazin die Hüllen fallen. Beknackt, daß Frauen sich berühmte Männer fangen, um sich selbst in Zeitungen und Hochglanz-Magazinen auszustellen. Ich kämpfte weiter mit mir. Sollte ich wirklich mit solchen Frauen so ein Cover teilen?

Sieben Monate nach Stallones Geliebter folgte ich, und als nächste wagte sich Schauspielerin Tina Ruland nackt aufs Papier. Heute ist es gang und gäbe, daß sich deutsche Stars nackt präsentieren. Oft frage ich mich, ob jede dieser Frauen so einen »Denkkrampf« veranstaltet hatte wie ich. Vor allem meine Figur machte die Sache nicht einfach. Breites Becken + abstehende Ohren = häßlich. O-Beine habe ich auch noch. Deshalb sieht man mich nie mit kurzem Rock. Gefragt hat mich schon die ganze Welt danach, aber jetzt gebe ich es zu. Durch meine schrecklichen O-Beine sind kurze Hosen und kurze Röcke für mich tabu. Das ist so extrem, daß ich sogar beim Mountainbikefahren kurze Hosen verabscheue. Dann streite ich mich immer tierisch mit meinem Freund. Er findet meine O-Beine schön. Ich finde das lächerlich, schließlich rief man mir schon in der Schule hinterher: »Arabella hat O-Beine wie ein Cowboy!« In solchen Momenten will man sich dann wie ein Strauß mit dem Kopf in den Sand einbuddeln.

Dann ging mir noch ein Lichtlein auf: Wollen die mich vielleicht nur wegen meiner Hautfarbe auf dem Titel sehen? Denn öfter fiel mir auf, daß Journalisten mir die Frage stellten: »Spielen Sie bewußt mit Ihren farblichen weiblichen Reizen?« Nach mühsamem Hinterfragen kam heraus, daß gerade deutsche Männer »Black Beauties« besonders attraktiv fänden unter dem Deckmäntelchen von Exotik. Das umgedrehte Phänomen stellte ich in etlichen Reisen nach Afrika fest. Hier umgarnen die Männer besonders die Frauen mit weißer Hautfarbe. Ich will jedenfalls meine Hautfarbe nicht als besonders einstufen und mich lieber als ganz normal und überhaupt nicht exotisch oder »pseudoerotisch« betrachten.

Zwar sagt man, daß alles in der Hand des Betrachters und speziell des *Playboy*-Fotografen liegt, aber meine Zweifel wuchsen ins Unermeßliche. Was soll die häßliche Arabella auf einem *Playboy*-Cover? Eine Woche vor Shooting-Beginn dachte ich, mit Salat und Joggen einmal um den Block kann ich alles retten. Was nicht half, aber mein Geist und meine Seele wurden beruhigt – bis zur Zwischenstation, Eiland St. Martin, Karibik. Wie in einem bösen Traum lief mir Supermodel Elle MacPherson mit megalangen gerade gewachsenen Beinen über den Weg. »Wow«, denkt jeder, der sie sieht mit ihrem geilen Fahrgestell. Hier sagt kein Mann nein! Mit genügend Talkgästen hatte ich das Thema Schönheit diskutiert, und 50 Prozent der Männer bestätigten, bei Models schmelze Mann dahin. Sofort schossen mir meine Zuschauerbriefe durch den Kopf. Liebes- und Bewunderungsbekenntnisse aus aller Welt. Das tat meinem Ego gut, schließlich begehrten mich wenigstens ein paar unter meinen Zuschauern. Man hat ja bis ins hohe Alter das »Ich krieg keinen ab«-Syndrom.

Ich wollte wieder umkehren, doch Greg Gorman – mein Fotograf – erkannte mich in der Menge. Go home war nicht mehr möglich. Aber Greg Gorman ist ein ziemlich lustiger Mensch, und auf dem Flug im Privatjet zu unserer Foto-Insel St. Barth hatten wir ziemlich viel Spaß. Wir blödelten herum, und er nahm mich gewaltig auf die Schippe, denn mit einer Talkshow-Moderatorin hatte er noch nie etwas zu tun. Er erzählte mir folgenden Witz, über den ich lachte, obwohl er mich in meiner Eitelkeit verletzte: »In Österreich wurde jetzt eine Clownschule aufgemacht. Nach einem Monat darf sich ein Schüler Unterclown nennen. Nach zwei Monaten Oberclown und nach drei Monaten Moderator.« Nach 250 Sendungen von »Arabella Day« nannte man mich aber schon die deutsche Talkshowqueen. Ich war richtig stolz auf meine Talkshow, vor allem nach den Anfangsschwierigkeiten, die wir mit der Sendung hatten. Sogar meinen inneren Poltergeist besiegte ich, der mir immer einredete: »Die Sendung schaffe ich nie!« Und ich habe es geschafft. Geschafft, daß der *Playboy* ein dickes Becken und extreme O-Beine und Segelohren ablichten wollte. Das hatte ich nur meiner Sendung zu verdanken.

Das Hotel war ein Traum, »Le Toiny«, bekannt als das schönste Luxus-Ressort in der Karibik. Man begrüßte uns königlich, die *Playboy*-Crew war gut bekannt. Nur mich kannte die nette Frau an der Rezeption nicht. Sie ahnte nicht mal, daß ich das nächste *Playboy*-Model war, dafür sah ich ziemlich unüblich aus, sonst hätte sie folgende Geschichte überhaupt nicht erzählt: Paparazzi hatten Brad Pitt – nackt am Pool – mit seiner neuen Gebliebten überrascht. Aus Wut hatte er sofort seine Sachen gepackt. Mein Blut gefror: Was, wenn diese Paparazzi mich beim *Playboy*-Shooting heimlich und vor allem nackt ablichten? Ich verspannte mich total. Und hier steigen auch Mick Jagger & Co. ab? Ich konnte dies nicht glauben, bis Tom Hanks an mir live vorbei ging. Da vergißt man schnell, von welcher Geschichte man gerade Zeuge wurde und wegen welcher Mission man überhaupt hier war: um nackt am Strand zu posieren.

Vor Sonnenaufgang fingen wir mit den Fotos an. Doch kein nackter Mensch war am Strand. Also hat mein Gehirn blockiert, ich fühlte mich beobachtet und konnte mich dadurch nicht vor der Linse präsentieren. Greg Gorman ging auf die Suche nach einer Art Nacktbadestrand und wurde fündig. Mit jedem »Foto-Klick« wurde ich lokkerer. Das Fotografiert-Werden machte richtig Spaß. Ich merkte schnell, auf meine O-Beine und meine abstehenden Ohren kam es nicht an. Schönheit ist vor der Kamera relativ. Die Linse zeigt nur, was sie will. Greg Gorman erzählte mir ein paar Geschichten von den Komplexen der Frauen. Und er mußte es wissen als der bekannteste und begehrteste Frauen-Lichtbildkünstler. Das größte Problem ist bei Frauen wohl der Bauch und die Hüften. Fast jede findet sich zu dick und damit häßlich. Dann müssen oft die Schönheitschirurgen ran. Ich muß gestehen, das erzähle ich ihm in diesem Moment nicht, aber auch ich habe mal an das Absaugen meines Fettes gedacht. In meinen Talksendungen gab es einige Gäste, die dadurch »schöner« wurden. Und auch ich suchte einmal eine Münchner Schönheitschirurgin auf, die mir auch von den Nebenwirkungen erzählte. 6000 Mark für Oberschenkel und Po absaugen mit dem Risiko, daß man Gewebelöcher an einzelnen Stellen hat. Der Hypochonder in mir horchte auf. Ja, pfui Deibel, das war mir dann doch bei weitem zu gefährlich! Ich hatte mich wenigstens informiert.

Der Assistent von Greg erzählte mir von einer Frau aus der *Bacardi*-Dynastie. Simples Oberschenkel-Absaugen kostete sie das Leben, weil der Anästhesiearzt einen Fehler bei der Narkose begann. Somit bereute ich meine Absage an die Schönheitschirurgie nicht, rate aber niemandem ab, schließlich muß man als sein eigener Herr Entscheidungen fällen. Greg Gorman holte mich aus meinen Träumen mit dem Ruf »Nippels!«, was so viel heißt wie, Eiswürfel ran. Die wurden sofort geholt, ich rieb sie an meinen Brüsten, und sofort konnte es weiter gehen – den ganzen lieben langen Tag, fünf Mal hintereinander.

Bis zu meinen zwölften Lebensjahr war ich flach wie ein Brett, dann guter Durchschnitt. Greg Gorman lachte und meinte, manche Models sind bis zu ihrem Lebensende durch ihre Physiognomie flach wie ein Brett. Eva Herzigova riet mir einmal: »Trink Bier, denn davon bekommt man große Titten.« Heute bin ich richtig zufrieden mit meinen Brüsten, denn sie sind nicht zu groß und nicht zu klein. Silikon würde ich mir nie antun, genug Talkgäste schreckten mich ab. Zweimal war Lollo Ferrari in meiner Show, die bei ihrem Auftritt über unsere Showtreppe von ihrem Manager gestützt werden mußte. Und zweimal war sie – aufgrund der Schwerkraft – schon vornüber auf die Nase gefallen. So etwas verstehe ich beim besten Willen nicht, wenn man bangen muß, platzen sie oder nicht. Eine Schönheitschirurgin erzählte in einer meiner Sendungen sogar, daß beim Fliegen Silikonkissen platzen können. Was für ein Risiko! Aber für Fotos von Lollos Körper muß es wohl viele Anhänger geben, sonst hätte sie sich sicherlich nicht dieser Vergrößerungs-Prozedur unterzogen.

Mit dem Ergebnis meiner Bilder mußte ich mich auch nicht verstecken: Auf dem Schwarzmarkt kostete ein von mir handsignierter *Playboy* 500 Mark. Dies hatte ich überhaupt nicht erwartet. In meine Redaktion flatterten abfotografierte Bilder, die Männer zum Signieren schickten. Und meine Studiogäste verschmähten meine Autogrammkarten. Statt dessen brachten sie *Playboy*-Exemplare zur Unterschrift mit. Was war das für eine Karriere: Vom *Homo moderatio* zum *Homo nackto*.

Nach kurzem Freudenrausch holte mich die Realität schnell wieder ein, als manch eigenartige Gestalt mit seltsamen Moderations-Jobs an mich herantraten. Beispiel: Ein italienischer Edelmann bot mir eine Diskotheken-Moderation in Nordrhein-Westfalen an. Seine Idee: Zu Beginn der Musik eine Talkshow in privater Atmosphäre. Ich fand nichts Schlechtes daran, aber irgend etwas lag in der Luft. Mein Management checkt zum Glück jeden Auftrag auf Mark und Bein und fand letztendlich heraus, seine Diskothek war ein Nachtlokal, und mich wollte er als Schmankerl seinen Gästen vorführen. Nein danke!

Das nächste war eine Anfrage für eine Modenschau. Ich sagte dankend ab, aber eine Kollegin von mir fiel darauf rein. Diese Modenschau fand nämlich für Lack-Fetischisten bei einer Erotik-Show statt. Dagegen habe ich prinzipiell nichts, aber ich möchte im Vorfeld gern wissen, worum es eigentlich geht.

Einmal fragte mich ein Journalist, ob ich nicht zu viel gezeigt hätte. Ich antwortete ihm mit »nein«. Die Fotos sind intim, aber das bedeutet in Europa etwas anderes als im amerikanischen *Playboy*. Eins lehrte mich jedoch die Zeit als *Homo nackto*: Nicht nur Kleider machen Leute. Man kann sich auch mit nacker Haut sehr gut profilieren, und überall kamen meine *Playboy*-Bilder entgegen aller Prognosen sehr gut an. Ich hatte ja auch Zweifel, ob es klug ist, nach dem Bombenattentat so die Öffentlichkeit auf sich zu ziehen. Doch warum sollte ich mich verstecken, nur um ein paar Verrückten zu zeigen, sie haben die Macht? Für mich hatte ich meine Mission erfüllt: Einmal zu provozieren und jedem zu zeigen, ich bin eine ganz normale Frau. Und das erste Mal fand ich mich schön. Natürliche O-Beine, wunderbar abstehende Ohren und ein herrlich breites Becken, aber eine Frau mit Kurven, Ekken und Kanten. Und ich lernte damit, mich nackt im Spiegel anzusehen.

Kleine unbekannte Arabella in Amerika

Meine »Marco Polo«-Erfahrungen unterm Strich: Ohne Kreditkarte und ohne Namen bist du auf dem anderen Kontinent ein Nichts. Dazu noch schwarze Haut, dann ist man noch weniger als ein Nichts. Einem Kurzbesuch in Amerika (Geschenk von ProSieben, denn die Einschaltquoten waren ausgesprochen gut) hatte ich diese ganz besondere Selbsterfahrung zu verdanken. Aus Deutschland hingegen war ich verwöhnt. Denn, wenn ich in München zum Obsthändler gehe, bin ich gewohnt, daß die Warteschlange gleich zur Seite weicht – für den Preis von ein paar Autogrammkarten oder Signaturen ... manchmal sogar auf einen Apfel oder auf eine Banane. Ich komme so automatisch als erste dran, weil ich Arabella Prominento bin. Ob es in der Bank oder am Flugschalter ist, ich werde erkannt. Bei solchen Streicheleinheiten baut sich mein Ego extrem auf. Das passiert oft, ohne daß ich es sofort merke, und es ist dann manchmal nicht mehr so leicht, darauf zu verzichten. Eine arrogante Seite in mir sagt zwar selbstbewußt, daß ich keine Egostreicheleinheiten brauche, aber hat man sich einmal daran gewöhnt, ist es wie ein verhexter Kreislauf. Denn bleiben diese Bewunderungen und Bestätigungen plötzlich aus, rappelt's in meinem Karton.

Einmal ging's los am Flughafen John F. Kennedy in New York (USA). Das Gepäck war nicht angekommen. Mit Wut im Bauch und geistiger Vernebelung durch den »Jet Lag« versuchte ich, Gepäckträgern und einer Stewardeß vom Bodenpersonal meine Not verständlich zu machen. Ohne Erfolg! Es hat mich natürlich auch keiner erkannt. Normalerweise strengen sich nämlich gleich alle furchtbar an, mir zu helfen. Ich wurde immer wütender, und gleichzeitig dämmerte es mir, daß man mit Aufregen nicht weiterkommt. Mein Freund Fred wußte sofort, was los ist: Ich ärgerte mich über meinen blöden Koffer, über die schlechte Organisation an internationalen Flughäfen und daß mich keiner erkannte und wußte, wer ich bin: Arabella KIESBAUER PERSÖNLICH!!! Doch in Wirklichkeit ärgerte ich mich über mich selbst. Warum mußte ich mich jetzt wegen so einer Lappalie aufregen?

Im Hotel eine ähnliche Situation. Dort hatte man mich nicht registriert. Ich mußte erst einmal mit anderen Gästen an der Rezeption stehen. Und als ich mit verächtlicher Stimme und gekünstelt amerikanischem Akzent die Angestellte hinterm Tresen des luxuriösen »The Pierre«-Hotels darauf hinweisen wollte, wer ich bin, erhielt ich gleich noch eine reingewürgt: Auf deutsch antwortete mir die Dame freundlich: »Ich komme aus Düsseldorf, wir können ruhig deutsch sprechen. Sicher kennen wir Sie, Sie moderieren eine Teenie-Sendung auf Viva, oder?« Mir war schlagartig klar, daß ich in den USA nichts zu erwarten hatte.

Sogar für Siegfried und Roy – das großartige deutsche

Man muß erst mal begreifen, was um einen herum geschieht. Aber dann ist's fast schon zu spät... Oder auch nicht. Omi Elisabeth, Tante »Tini« und meine Mama.

Wer bist du wohl, und wo bist du geblieben? – Mein Vater, den ich nie wirklich kennengelernt habe.

Erste Fotosession – eigentlich mache ich doch eine ganz gute Figur, oder?

Schnappschuß:
Beim Naschen erwischt!

Omi: »Sind die giftig?«

Erste Skiversuche auf bayerischen Hügeln: Kaum ein Wunder, daß ich mit diesem Stil nicht so recht in Fahrt kam ... (1976)

Neben einer starken Frau läßt's sich leben! Wenn meine Großmutter nicht gewesen wär'... Hier mit unserem Onkel Seppl. (1976)

Wenn Struwwelpeter auch
'ne Frau sein könnte, würde
ich mich jetzt eigentlich
ganz wohl fühlen ...
(1993)

Unglückliche Arabella:
Mein letztes Wochenende
in meiner »geliebten«
Heimat. Danach ging es
schnurstracks in die »Höhle
der Privaten« ...

So hab' ich mir gar nicht gefallen. Aber auch eine gerissene Achillessehne will ihre Aufmerksamkeit. (Dez. 1994)

Drei Kiesbauers auf Mallorca. Mama steht hinter der Linse.

Urwüchsige Instinkte hab' ich 1996 in Namibia nicht gerade gehabt. Aber Fotospaß muß sein – mit echten Knochen ...

»Elefantentalk« ist wohl hier nicht angesagt: Urlaub in Thailand 1998.

Zauberpaar – war ich unsichtbar. Nach ihrer Show in Las Vegas, es war der 31. Dezember 1997, wollte ich mit meinem Freund die beiden unbedingt begrüßen. Ich dachte, so ein kleines Gespräch unter Persönlichkeiten könnte Spaß machen, hier in Las Vegas. Mein innerer Egoteufel quengelte herum. Er wollte sich endlich mal wieder einmal unter Gleichgestellten suhlen. Eigentlich hasse ich mich für solche Attitüden. Aber manchmal schlagen sie eben schneller durch, als ich schalten kann. Zum Glück kriege ich in solchen Momenten auch mal eine auf den Deckel. Prominent zu sein heißt erst mal gar nichts. Prominent zu sein kann man nicht essen, und dafür kann man sich auch nichts kaufen. Geschweige denn, daß man mehr echte Bestätigung bekommt.

Fred und ich kämpften uns nach der fabelhaften Vorstellung in Richtung Backstage hinter die Kulissen im »Le Mirage«. Die beiden deutschen Zauberer waren im Autogrammkarten- und Danksagungsrausch. Nach ein paar Minuten bewegten sich die Magier auf uns zu, begrüßten meinen Freund mit: »Schön, mal den bekanntesten deutschen Moderator bei uns zu sehen!« Ich stand daneben, ohne auch nur die geringste Beachtung zu finden. Mein Ego-Teufel wurde sauer. Das äußert sich nach außen hin dann immer so, daß ich Amok laufe und nur noch rumnerve. Meine Stimme wird gellender, die Stimmlage zwei bis drei Oktaven höher. Die *Hannoversche Allgemeine* hatte mich diesbezüglich mal Talk-Kreissäge genannt. Mein Freund Fred kennt mich, wenn ich so drauf komme. Und obwohl er auch völlig perplex war, sagte er souverän danke und zeigte sofort mit dem Finger auf mich. »Die deutsche Berühmtheit ist hier.« Das durfte doch nicht wahr sein. An meinem Gesichtsausdruck bemerkten die Zauberer, was Sache war. Und um schnell die peinliche Situation zu retten, luden sie uns spontan auf ihre anstehende Silvesterparty in ihrer privaten Suite im Luxushotel »Le Mirage« ein. Und die ließen wir uns nicht entgehen. Mein Magen war nach wie vor zur Faust geballt. Ich spürte es kochen. Schon nach ein paar Party-Minuten fühlten wir uns deplaziert. Wir kamen uns vor wie in Madame Tussauds Wachsfigurenkabinett: lauter Prominente auf einem Fleck und trotzdem – oder gerade deswegen – war's sterbenslangweilig. Auch Heinz Harald Frentzen schlich geknickt durch die schwülstigen Räume und verwöhnte sich offensichtlich mit dem reichhaltigen Angebot an Drinks.

Das war keine Party, sondern ein Wettbewerb: Wer ist am aufgebrezeltsten? Wir machten das einzig Richtige und stürzten uns aufs Buffet. Ich kompensierte meinen Frust mit Kanapees. Mit vollem Bauch – kurz nach Mitternacht – verabschiedeten wir uns. Ich versuchte, so cool wie möglich zu sein. Die Antwort von Siegfried und Roy: »Nein, ihr könnt noch nicht gehen. Liza Minelli muß jede Sekunde reinschneien. Die müßt ihr unbedingt sehen!« Da war die Gelegenheit der Rache! Wie aus der Pistole geschossen entgegnete ich: »Liza Minelli muß ich nicht live sehen, die schau ich mir lieber im Fernsehen an.« Verdutzt und ohne Kommentar ließen sie uns darauf von dannen ziehen.

Ich bin diesen Erlebnissen in den USA sehr dankbar. Mir ist plötzlich klar geworden, wie sehr ich mich bereits mit meiner Berühmtheit identifiziert hatte. Das war wirklich eine notwendige Lektion für mich. Was ich jedoch total süß finde: Bis zum heutigen Tag schicken Siegfried und Roy mir jeden Monat einen aktuellen Bericht, wer Prominentes wieder zu ihnen unterwegs ist. Das ist eine andere Prominentenwelt als meine.

Ein weiteres Erlebnis, was meine Theorie von der unbekannten Arabella in Amerika stützt, ereignete sich Oktober 1998, wieder in New York. Hier wurde plötzlich meine Hautfarbe thematisiert. In Deutschland bin ich ja wegen meiner Prominenz immer ein Hingucker. Jetzt war ich es, weil ich mich als Schwarze an typischen »White man«-Ghetto Plätzen aufhielt. Besonderes Beispiel ein »IN«-Japaner auf der Fifth Avenue. Außer mir gab es keine Schwarzen. Und wenn ein Weißer zur Tür reinkam, konnte man drauf warten, daß der neue Gast mich fragend anschaute. Hier herrschten wirklich eigene Gesetze. Auf einmal schoß mir ein Talkgast durch den Kopf, der mal in meiner Sendung gesagt hatte: »Bei einer gesunden Hautfarbe – sprich gut gebräunt – hat man geschäftlich quasi den Erfolg schon in der Tasche!« Leichtsinnig hatte ich geantwortet: »Da hab ich Heimvorteil und automatisch Erfolg, schließlich bin ich von Natur aus braun.« Das Publikum lachte über meine flapsige Bemerkung. Doch jetzt merkte ich, daß ich durch meine Hautfarbe eindeutig im Nachteil war. Ich fühlte mich allein und wollte wieder auf meinen Kontinent. Allein unter den Weißen sein.

Die nächste Farce ließ nicht lange auf sich warten. Die Kreditkarte – das Allerheiligste in USA – war unerklärlicherweise gesperrt. Die Verkäuferin schaute mich an wie eine Verbrecherin. Eine Schwarze ohne Geld, wie sie wohl öfter kommen. Igitt! Mein Herz rutschte in die

Hose. Ich hatte keine Erklärung dafür und ging schnurstracks in die nächste Bank. Am Portal hielt mich ein Sicherheitsbeamter auf und durchsuchte meinen Rucksack. Als ob ich dieses uralte kleine Gebäude, praktisch ein Zwerg zwischen den vielen Wolkenkratzern, in die Luft sprengen wollte. Lächerlich! Kurz dachte ich an den Film *Staatsfeind Nr. 1*: Gesperrte Kreditkarte, kein Bargeld, Security-Checks – das waren die ersten Anzeichen, wenn der Staat einem den Krieg erklärt. Wieder sehnte ich mich nach Good Old Germany. Am Bankschalter prüfte man meine Kreditkarte. Sie war wirklich gesperrt. Ich fing an zu diskutieren, denn ich wußte, mein Bankkonto in Deutschland ist in Ordnung. Niemals würden die mit mir so umgehen, wenn die wüßten, daß ich Arabella Kiesbauer, die bekannteste Talkmasterin aus Germany bin. Das half aber nicht viel in dieser Situation. Eher lernte ich etwas vom Bankgeschäft. Bargeld bekommt man nur, wenn man mehrere Kreditkarten in der Hosentasche als sogenannte Sicherheit hat. Das kann verstehen, wer will, ich machte mich sofort auf die Suche nach der nächsten Bank. Schließlich hatte ich nur eine Kreditkarte, damit der Verlust nicht so hoch ist bei einem Überfall. (Ehrlich gesagt, war mir die Gebühr für eine zweite Karte auch zu hoch.) Bei der zweiten Bank eine ähnliche Situation: Leibesvisitation und die Notwendigkeit von mehreren Kreditkarten. Ich verstand die Welt nicht mehr und heulte los. Komischerweise erweichten diese Tränen das Herz des Bankers, und er sicherte mir Geld zu. 100 Dollar! Wie sollte ich damit eine Woche in New York überstehen? Ich war es leid, darüber weiter zu diskutieren, nahm das Geld und fuhr ins Hotel, um meine deutsche Bank zu informieren. Das Geldproblem wurde interkontinental gelöst.

Zwei Tage vor dem Heimflug wurden wir zu allem Überfluß noch überfallen. In einer New Yorker Straße, Nähe Madison Square Garden. Jeder weiß, die gefährlichste Gegend einer Stadt ist immer die rund um den Bahnhof. Trotzdem wollte ich mit Fred dorthin, auf uns warteten Freunde bei einem Stehchinesen. Und weil das Taxi durch den starken Verkehr nicht voran kam, stiegen wir kurzerhand aus. Zwei Blocks schafft man schließlich auch zu Fuß. Die Atmosphäre war unheimlich. Die aufsteigenden Nebel aus den Subway- und Gullischächten machten uns Angst. Mit meiner typischen Arabella-Phantasie steigerte ich mich richtig rein. Fred tat sein möglichstes, um mich zu beruhigen. Im Hintergrund das Geräusch von Polizei- und Krankenwagen – rund um die Uhr, 24 Stunden lang. Wir mußten durch eine relativ ruhige Straße, ungefähr 100 Meter. Durch die Schatten der überdimensionalen Wolkenkratzer schien sie endlos. Es war zehn Uhr am Abend, und Rolläden vieler Geschäfte waren zu. Vereinzelt stand »Sale« mit Graffiti gespritzt. Das Klacken der Absätze meiner Schuhe war zu hören. Ein Geräusch schreckte uns auf und kam gleichzeitig näher. Es zu identifizieren fiel uns schwer. Ich fragte Fred im Flüsterton: »Was glaubst du, was das ist?« Er hob seine Schultern, ich sah flink nach rechts, zwischen die Häuserriesen war ein Parkplatz gepreßt. Fünf schwarze Männer machten sich an teuren Autos zu schaffen, und ein weißer Mann – sehr teuer angezogen – sah ihnen zu. Vielleicht suchten sie nur einen Schlüssel. In diesem Moment trafen sich unsere Blicke, und die Männer bewegten sich auf uns zu. Fred gab mir seine Hand und sagte: »Wir müssen jetzt um unser Leben laufen!« Bevor ich nachfragen konnte, warum, hatten wir die Pistolen schon im Genick: »Your Money!« Fred als Halbamerikaner fing an, mit ihnen zu reden: »Hört zu, wir haben nicht viel Geld.« Sie durchsuchten ihn, aber er hatte wirklich nur 10 Dollar. Jetzt setzten sie die Waffe an meine Schläfe und sagten: »Your Money now!« Ich hatte Todesangst, griff widerwillig in meine Taschen. Außer Travellerschecks von American Express hatte ich nichts. Fred redete auf sie ein, sie verloren die Geduld mit uns und ließen uns gehen. Im ersten Moment waren wir skeptisch und trauten unseren Ohren nicht. Innerhalb einer Sekunde rannten wir los. So schnell bin ich noch nie gelaufen. Bei den ersten Passanten, die wir sahen, löste sich unsere Angst. Ständig mußte ich daran denken, was gewesen wäre, wenn die wirklich abgedrückt hätten. Noch Tage später saß uns dieser Schock in den Knochen.

Fazit Nr. 1: Amerika ist nichts für mich. Fazit Nr. 2: Mir ist klar geworden, daß ich mich ganz schön von mir selbst entfernt hatte. Die Erlebnisse in New York und Las Vegas haben mich angeregt, so banal sie vielleicht auch waren, mich wieder mehr auf mich selbst zu besinnen. Als ich das nächste Mal in der Münchner Leopoldstraße zum Obststand ging, stellte ich mich schön brav in der Schlange an. Komisch: Die Leute, die mich erkannten, lächelten mich freundlich an, wollten mich vorlassen, doch ich winkte ab. Fazit Nr. 3: Wenn ich unsicher bin, verstecke ich mich manchmal hinter einem Schutzschild der Arroganz. Sorry, ist eigentlich nicht so gemeint. Sprechen Sie mich ruhig darauf an, ich arbeite dran. *Nobody is perfect!*

Keinen Pfifferling für einen Hanswurst

Die Geschichte mit dem Scheich kann man am besten wie folgt beschreiben: »Wie mache ich aus einer Mücke einen Elefanten?« Denn wenn die Journalisten nicht vor dem sogenannten Sommerloch 1997 gestanden wären, hätte sich kein Mensch um Paul Sahners *Bunte*-Artikel, um die Million, um mich und und den Scheich gekümmert. Zumal mir diese triviale Frage (»Würden Sie für eine Million Mark mit einem Mann ins Bett gehen?«) nur gestellt wurde, weil kurz vorher auf ProSieben *Ein unmoralisches Angebot* mit Robert Redford und Demi Moore lief.

Diese Vermutung bestätigte sich hundertprozentig, als ich sechs Monate nach dem »Eine Million-Mark-Skandal« zum Wörthersee mußte. In der Höhle des Scheichs, dem Casino-Hotel in Velden, war für mich ein Hotelzimmer reserviert. Ich fragte an der Rezeption sofort nach Scheich Adel Nasser, denn in den Zeitungen und Zeitschriften war ja zu lesen, daß er in diesem Hotel residierte. Von der Empfangsdame erfuhr ich, daß der Scheich dort noch nie ein Zimmer, geschweige eine Suite angemietet hätte. Ich schmunzelte und dachte nur: Aha, journalistische Finte Nummer 1. Das Wochenende kann ja heiter werden. Wo wär denn bloß der Scheich mit mir hingegangen, wenn ich zu seinem Angebot ja gesagt hätte? Nachmittags traf ich in Begleitung meiner Mitarbeiterin Yvonne auf Regisseur und Schauspieler Otto Retzer und Filmproduzent Carl Spieß, mit denen ich die abendliche Moderation für die Prominenten-Gala durchging. Was ich zu diesem Zeitpunkt noch nicht wußte: Der Scheich saß Luftlinie fünfzehn Meter von mir entfernt und war als Ehrengast für diese Party eingeladen. Ich entdeckte ihn, leider zu spät, auf dem Weg zur Toilette. Er schaute mich an, lächelte, ich rollte die Augen und dachte nur, Mann sieht der dumm aus. Die Idee mit der »Eine Million-Mark-Nacht« kann doch nicht von dem kommen! Ein Hanswurst, am liebsten hätte ich ihm eine geknallt. Die Ohrfeige hätte er auch verdient, nach den Schwierigkeiten, die er mir bereitete. Von meiner Wut auf den Blödmann berichtete ich Otto Retzer, der sofort in Gelächter ausbrach und uns verriet, daß der Scheich im Grunde nichts mit der Sache zu tun hätte. Die Idee hätte zumindest jemand anderer gehabt. Ich checkte, daß alle anscheinend mehr wußten als ich. Ich bohrte nach, zapfte sofort die Kellnerin an, fühlte mich wie in meiner Talkshow, und auf einmal hatte ich alle Puzzlesteine zusammen.

Ein freier Redakteur, der ab und zu etwas für den Österreichischen Kurier schrieb, brauchte wegen Spielschulden schnell viel Geld. Er erfand die Geschichte mit der Million für eine Nacht ganz einfach. Aus Interview-Fetzen bastelte er einen reißerischen Sommerloch-Artikel zusammen. Und während halb Europa ihm die Räuberpistole abkaufte, lachte er sich ins Fäustchen. Er hat alle an der Nase herumgeführt. So etwas ist ja schon oft passiert, ich denke nur an die Hitlertagebücher, wo der Betrug aufflog. Aber wer recherchierte in meiner Sache richtig? Die Journalisten behandelten diese Geschichte äußerst oberflächlich und herzlos, was sie mir eigentlich bei meiner Moderation und bei der Auswahl der Themen meiner Sendung ständig vorwerfen. Gegen so etwas ist man machtlos, schoß es mir durch den Kopf. Ich erfuhr weiter, daß der Scheich als Paradiesvogel vom Wörthersee ein gern gesehener Partygast ist. Meine Antennen fuhren aus, und ich fragte: »Kommt der heute abend auch?« Otto Retzer nickte, nahm Yvonne bei der Hand und sagte: »Keine Angst, ich regel das!«

Sie gingen gemeinsam zum Scheich, stellten sich vor ihn hin, und Otto Retzer machte ihm klar, daß er das Bundesland verlassen müßte, wenn er es wage, auch nur ein Wort mit mir zu wechseln. Ich traute meinen Ohren nicht, aber es funktionierte, denn der Scheich ging mir den ganzen Abend aus dem Weg. Ab und zu, wenn ich zwischen den Moderationen von der Bühne kam, suchte ich ihn im Publikum. Ganz harmlos saß er an einer der letzten Tischreihen im Saal. Nicht allein. Eine Blondine, einen Kopf größer als er, mit kurzem engen Minikleid unterhielt ihn. Wieso war die wohl auf ihn reingefallen? Er war sehr unscheinbar. Ein vollkommener Hanswurst, der sich leicht von anderen rumkommandieren läßt. Und ich fragte mich, wie sich solch ein Mensch nur das Recht herausnehmen kann, mir das Leben schwerzumachen.

Auch die Fotografen beobachteten ihn, und zweimal entstand die Situation, in der sie mich fast im richtigen Winkel mit dem Hanswurst an meiner Seite abgelichtet hätten. Aber ich erkannte sofort ihr falsches Spiel. Gab es wirklich nichts Interessantes zu fotografieren? Zum Beispiel turtelte Heiner Lauterbach mit einer Schwarzhaarigen herum, die nicht aussah wie Jenny Elvers. Oder Harald Juhnke trank ziemlich einen über den Durst, obwohl die Presse berichtet hatte, er wäre clean.

Bei solchen Finten halten Journalisten immer zusammen! Bis heute muß ich diese Scheich-Geschichte ausbaden. Noch jetzt fragen mich Journalisten, ob mir unmoralische Angebote ins Haus flattern. Aber ich werde dazu kein einziges Wort mehr sagen, damit nicht wieder aus einer Mücke ein Elefant wird. Und bis heute schüttele ich den Kopf, weil nie jemand überprüft hat, ob der Scheich die Million überhaupt gehabt hätte. Schließlich ist man nicht reich, nur weil man einen Jaguar fährt. Und wer für eine Frau eine Million Mark für eine Nacht ausgeben will, der muß doch locker ein paar Millionen auf der Seite haben.

Dies dachte auch ein Millionär vom Wörthersee. Er ließ sich mit Adel N. auf den Deal ein, für eine Weile seine Yacht gegen den Jaguar des Scheichs zu tauschen. So fuhr der Prinz den ganzen Tag den Wörthersee mit der Yacht auf und ab, feierte Partys, lud Mädels ein. Die Yacht gab er selbstverständlich als sein neuerworbenes Eigentum aus. Und wenn er mal auf dem Festland verweilte, telefonierte er immer lautstark mit einer Arabella: »Ja, Arabella. Ich komme zu spät, Arabella! Treffen wir uns doch morgen, Arabella!« Ich war's nicht. Aber was sagt das schon. Immerhin werden jedes Jahr 8200 Mädchen mit dem Namen Arabella allein rund um den Wörthersee geboren.

Das dicke Ende mit dem Scheich und dem Millionär

ließ auch nicht lange auf sich warten. Als der Millionär angehalten wurde, die letzte Autoreparatur des Jaguar zu zahlen, erkannte er den Betrug. Der Paradiesvogel vom Wörthersee war für ihn unten durch. Monate später versuchte ich diesen Millionär in eine meiner Sendungen einzuladen. Leider wollte er vor Kameras seine Blamage nicht erzählen. Die Scheichgeschichte hat mich so einiges gelehrt. Vor allem nie wieder zweideutige Sachen zu sagen. Es gibt ja den Spruch: Die schönsten Geschichten schreibt das Leben. Was manchmal aber in Zeitungen steht, hat damit nichts zu tun. An den wahren Geschichten ist die Presse meist nicht interessiert. Im März 1999 nahm das Landgericht Münster die Syrische Hoheit unter die Lupe. In einer prozeßreifen Anklageschrift soll der »Prinz« von Anlegern 918 000 Dollar für dubiose Bauprojekte in Kuwait kassiert haben. Zwei weitere Kaufleute gaben ihm je 50 000 Mark für angebliche Hafenprojekte (ebenfalls in Kuwait), einem Bekannten schwatzte er 18 000 Mark für eine »Firmengründung« in Borken (NRW) ab. Auch Wechsel platzten. Mal sehen, was der Prozeß ans Tageslicht bringt. Ich mußte eine Lupe beim Lesen dieser Zeitungsmeldungen nehmen. Sie waren ziemlich klein. Das Ganze hat keinen interessiert. Nach dem Scheich traf ich noch einmal so einen Verrückten, der eine Summe X für eine Frau – ein Glück nicht für mich – zahlen wollte. Und das passierte in einer meiner Sendungen. Ein mehrfacher österreichischer Lotto-Millionär griff die Idee des Hanswurst auf, kam zu mir in die Sendung und legte einfach so 100 000 Mark auf meinen roten Talk-Tresen, um sich eine Frau zu kaufen. Ich war perplex, wie viele Frauen sich aus dem Publikum meldeten, um für das Geld mit dem Unbekannten ins Bett zu gehen. In was für einer Welt leben wir? dachte ich. Doch keine dieser Frauen gefiel dem Millionär. Also suchte er nach der Sendung in den Räumlichkeiten von ProSieben weiter, und ich traute meinen Augen nicht. Frauen, Talkgäste, Gästebetreuerinnen, Security – alles wanzte sich an den 100 000-Mark-Mann ran. Drei Frauen zog er in die engere Auswahl, man merkte es an seinen Blicken. Nach jeder Sendung stoße ich mit den Gästen auf den gelungenen TV-Auftritt an und plaudere noch ein bißchen mit ihnen. Aber bei dieser Sendung war ich völlig außen vor. Vereinzelt wollte man ein Autogramm, denn die Hauptattraktion an diesem Tag war dieser Millionär.

Ich beobachtete einige aus der Redaktion, die Wetten abschlossen, ob er eine finden würde oder nicht. Und weil sich der ganze Tumult nicht auf mich konzentrierte, ich sozusagen unbeobachtet blieb, schlich ich mich durch meine Garderobe raus, in der Hoffnung, daß mir am nächsten Tag einer das Ende dieser Geschichte erzählen würde. Neugierig bin ich schließlich. Und so war es dann auch. Unser Gäste-Chauffeur, der nach einer Sendung Gäste ins Hotel und am anderen Tag zum Flughafen bringt, tratscht Talkgast-Entwicklungen oder Talkgast-Entgleisungen sofort herum.

Er weiß, wer mit wem und wer gegen wen. Für ihn war klar, daß der Millionär was laufen hatte. Und wenn man als Fahrer etwas wissen will, fragt man sofort nach: Wie war die Nacht in München? Der Millionär erzählte ihm, daß von den 100 000 noch 70 000 übrig wären. Sein One-Night-Stand hätte seinem »Charme« nicht widerstehen können, und als Geschäftsmann müsse man dem weiblichen Geschlecht ja zeigen, wo es lang geht. Nur so spart man Geld. Der Millionär hielt seinen Vortrag bis zum Flughafen. Ob er nun eine Frau hatte oder nicht, hörte der Fahrer nicht heraus. Vorstellen konnte ich es mir schon. Denn nach dem Skandal um mich verwickelten mich viele Frauen in Gespräche, nur um mir zu sagen, sie würden auch für weniger als für eine Million mit einem Mann ins Bett gehen. Ich war baff, denn ich würde das nie tun. Zwar habe ich im Paul-Sahner-Interview gesagt, wenn einer so blöd ist und mir eine Million Mark zahlt, um mit mir zu schlafen, dann bringe ich das ganz schnell hinter mich. Mea culpa, ich hätte nicht gedacht, daß meine Antwort solche Wellen schlagen würde, denn auch ohne den ganzen Trouble mit dem Hanswurst sage ich definitiv zu einer »Eine-Million-Mark-Frage«: Nein!

Eine Lausemädchengeschichte in fünf Streichen

Max und Moritz war mein Lieblingskinderbuch. Michel aus Lönneberg mein Lieblingskinderfilm. Und ein Pferd wie Pippi Langstrumpf wollte ich auch immer haben. Die besten Voraussetzungen für ein Lausemädchen. Und somit komme ich gleich zu Streich Nummer eins.

Eine Tante aus Amerika schickte mir niegel-nagelneue Tintenkiller, Farbe neonpink. Wunderschön! Gleich fünf Stück, die hätte ich noch nicht mal in zehn Jahren aufgebraucht. Und deshalb kam mir die Idee, diese Stifte in meiner Schule zu verkaufen, um mein Taschengeld aufzubessern. Denn mit fünfzig Mark monatlich kommt man nicht so weit. Und da gab es auch einen Jungen, Manfred war sein Name. Ihn suchte ich gleich als Testperson heraus, denn er himmelte mich schon seit einiger Zeit an, und er war auch Österreicher. In meiner französischen Schule (es gibt nur eine in Wien) waren die Österreicher eine Minderheit. Meine Eltern hatten bewußt dieses Gymnasium für mich ausgewählt, denn hier ging es ziemlich international zu: Chinesen, Japaner, Iraner, Schwarze und eine geringe Anzahl von Österreichern. Meine Eltern glaubten, daß ich unter so vielen Exoten mit meiner Hautfarbe nicht so auffallen würde. Womit sie recht behielten, denn an irgendeine Hänselei bezüglich meiner Hautfarbe kann ich mich wirklich nicht erinnern.

Wie ich erwartet hatte, war Manfred begeistert von meinen Tintenkillern. Doch in einer Frage war ich mir nicht sicher: Wie viele Mäuse will ich überhaupt dafür! Ich bat Manfred um Bedenkzeit. Einen Tag später machte er sein erstes Angebot: Siebzig Schilling (ca. zehn Mark). Ein stolzer Preis für einen Tintenkiller, aber ich dachte mir nichts dabei, schließlich hing mein Herz an den Dingern. Ich zögerte den Verkauf noch einen Tag heraus, denn ich war mir nicht so richtig sicher. Außerdem machte es mir Spaß, Manfred schmoren zu sehen. Ich kenne das Gefühl, man will unbedingt etwas haben und macht alles dafür. Mein Traum zum Beispiel war immer ein Jaguar. Dieser Wagen war für mich vollkommen, so legte ich jeden Pfennig ab meinem fünfzehnten Lebensjahr für so einen Luxusschlitten zurück. Für meine Mutter war es ein richtiger *running gag*, jedesmal fragte sie mich: »Hast du wieder ein Ersatzteil zusammen?« Ich weiß noch, als erstes kaufte ich das Lenkrad, ein Jahr später die vier Reifen. Drei Jahre spukte der Jaguar in meinem Kopf herum, letztendlich fuhr ich einen knallroten Citroën AX, den ich mit achtzehn von meinen Eltern für mein gutes Abitur bekam. Der Jaguar war da schnell vergessen.

Für den Begriff Eltern entwickelte ich übrigens meine eigene Definition: Papa und Mama waren für mich meine Großmutter und meine Mutter, zwei starke Frauen. Beide verstanden meine Aktion mit den Tintenkillern aber gar nicht. Manfreds zweites Angebot für meine Stifte *made in USA*: Zweihundert Schilling (ca. neunundzwanzig

Mark). Ich zögerte, mir war auf einmal klar, daß die Stifte ein Geschenk waren, und ein Geschenk verkauft man nicht. Doch Manfred ließ nicht locker. Sein letztes Angebot waren dreihundertfünfzig Schilling (ca. fünfzig Mark). Bei dieser Zahl ging in mir etwas Eigenartiges vor, ich rechnete mein Taschengeld mit diesem Angebot auf: fünfzig Mark Taschengeld plus das Geld vom Tintenkiller machte hundert Mark. Der Sieger dieser Transaktion war letztendlich mein Sparschwein. Wieder ein Teil für meinen Jaguar.

In der darauffolgenden Nacht bekam ich aber schreckliche Gewissensbisse. Nicht ohne Grund, denn am anderen Tag erfuhr meine Großmutter von meinem Deal, und es rappelte im Karton. Die Mutter von Manfred hatte sich sehr gewundert, daß ihr Sohn auf einen Schlag kein Taschengeld mehr hatte, und so quetschte sie ihn aus, in der Angst, er hätte das Geld in Drogen angelegt. Schnell gestand er, daß der neue amerikanische Tintenkiller von Arabella Kiesbauer soviel gekostet habe. Am anderen Morgen rief sie wütend meine Großmutter an und beschwerte sich darüber, was für ein skrupelloses Kind ich doch sei. Die Diskussion war peinlich, schließlich hatte sie recht. Und die größte Strafe für mich war die Schlachtung meines Sparschweins, das ich von kleinauf wie meinen Augapfel gehütet hatte, und die vorwurfsvollen Blicke der anderen. Denn wie ein Lauffeuer verbreitete sich die Geschichte von den teuren Tintenkillern in meiner Schule. Ich habe mich so geschämt, daß ich unterm Strich sagen muß, daß sich dieser Streich nicht wirklich rentiert hat.

Bei Streich Nummer zwei ging's um erotische Literatur. Ich war als Kind, wie schon gesagt, die totale Leseratte. Mit zwölf Jahren habe ich nachts mit dem Radioweckerlicht heimlich unter der Bettdecke geschmökert, was mir kurze Zeit später fünf Dioptrin auf jedem Auge bescherte. Wegen dem blöden Radioweckerlicht wurde ich fast blind. Jedenfalls reizte mich die Bibliothek meiner Großmutter. Ohne Erlaubnis stöberte ich dort rum. Volltreffer: Denn eines Tages grabschte ich mir die erotischen Tagebücher der Anaïs Nin. Die las ich gleich viermal hintereinander, weil ich erst einmal nicht verstand, was in diesen Büchern stand. Aufklärung mit zwölf durch Jugendsünde Nummer zwei. Obwohl ich noch andere Aufklärungsquellen hatte: Dr. Sommer von *Bravo*, die ich immer bei meinen Freundinnen las, weil meine Großmutter diese Zeitschrift bei uns zu Hause nicht duldete. Meine Großmutter war sehr fürsorglich. Sie hütete mich wie einen Augapfel und war immer für mich da. Damals maulte ich immer gehörig herum, heute bin ich froh, schließlich war diese Allroundbetreuung ein Privileg. Auch aus meinen Sendungen wird klar, daß Kinder an ihren Eltern am meisten bemängeln, wenig Zeit für sie zu haben. Und so machen die Kinder, was sie wollen.

Meine Omi war natürlich nicht mehr berufstätig und konnte sich mit Leib und Seele der »Arabella-Erziehung« widmen. Sie hatte ein Auge darauf, was ich zu lesen und zu sehen bekam. Trotzdem – um sämtliche gewünschten Informationen über das Leben im allgemeinen und die Liebe im speziellen zu bekommen, fragte ich alle möglichen Leute aus, von der älteren Schwester einer Freundin angefangen, bis hin zum Lehrer im Biologieunterricht. Einmal fragte ich meine Mutter, wie das mit der

Fortpflanzung genau ist. Sie wurde knallrot und erzählte mir zuerst die Geschichte von den Bienchen und den Blümchen. Dann holte sie ein bißchen aus und sprach über die Freuden körperlicher Liebe zwischen Mann und Frau. Ich hörte gespannt zu und sagte zum Schluß: »Das wußte ich schon. Ich wollte nur mal sehen, ob du bei mir schummelst!« Ich hatte sie ausgetrickst, und einen Tag lang war meine Mutter sauer, schließlich war eine akrobatische Erklärung vom Kinderkriegen nicht unbedingt leicht.

Damit wären wir bei Streich Nummer drei: Mein Philosophielehrer hatte mich ständig auf dem Kieker, und, ehrlich gesagt, konnte ich ihn auch nicht ausstehen. Er liebte es, mich wie Luft zu behandeln. Bei Wortmeldungen nahm er mich einfach nicht dran. Eines Tages nutzte ich seine Angewohnheit, immer mitten in der Klasse zu referieren. Ich saß in der ersten Reihe und bekam immer ein steifes Genick, weil ich mich ständig nach ihm umdrehen mußte. Also holte ich irgendwann vier Tampons raus, zwei steckte ich in meine Nase, die anderen zwei in meine Ohren. Dann drehte ich mich zur Klasse um und blitzschnell wieder zurück. Natürlich brach ein riesiges Gelächter aus. Das wiederholte ich so dreimal, und mein Philosophielehrer wurde wütend, denn er bekam den Übeltäter nicht raus. Beim nächsten Mal hatte ich noch eine bessere Idee. Zwei Tampons – in rote Tinte getaucht – schoß ich durch die Klasse. Die Tampons landeten auf dem Tisch eines Mädchens: Volltreffer. Gekreische wie bei einer Mäuseinvasion. Auch diesmal hatte er keine heiße Spur. Das war eine königliche Genugtuung für mich, schließlich hatte er es verdient.

Streich Nummer vier entstand während meiner Diskothekenzeit. Meine Großmutter war der Meinung, ich müßte um ein Uhr nachts zu Hause sein. Da wurde es in der Disko aber erst richtig lustig. Also überlegte ich, wie ich Zeit gewinnen könnte, und hatte eine zündende Idee. Alle Uhren in der Wohnung stellte ich einfach eine Stunde zurück. Das war eine Arbeit: drei digitale Wecker, ein Wecker zum Aufziehen, Omas Armbanduhr und eine Standuhr. Daß dies keine Lösung auf Dauer sein konnte, war absolut klar.

Ich mußte mir langsam was Neues einfallen lassen. Ein Freund gab mir dann den coolen Tip, mich erst schlafen zu legen und mich dann einfach für die komplette Nacht zu verdünnisieren. Ich schmiedete einen Plan und traf Vorbereitungen, ölte alle Türen, kontrollierte das knarrende Parkett und prägte mir die gefährlichen Stellen ein. Freitag nacht anno 1985 war dann showtime: Um elf Uhr legte ich mich schlafen. Ich wartete und wartete, bis endlich das Schnarchen meiner Großmutter begann.

Wie ein Hund schlich ich dann den Korridor entlang. Dreißig Minuten später dancte ich schon mit einer Freundin auf dem Diskoparkett. Das wiederholte ich jede Woche und blieb oft bis fünf Uhr früh. Nächste Schwierigkeit: Für Drinks und Taxi hatten wir kein Geld. Zwischendurch ging's somit aufs Damenklo, um Leitungswasser zu trinken. Und für den Heimweg nahmen wir immer die erste Straßenbahn. Meine Großmutter merkte nichts. Und weil es so gut lief, wollte ich immer mehr: Jetzt haute ich nicht nur freitags ab, der Samstag und Donnerstag war diskomäßig auch sehr interessant. Den fehlenden Schlaf holte mein Körper dann immer samstags nach. Manchmal schlief ich bis fünf Uhr nachmittags.

Meine Großmutter berichtete dann meiner Mutter immer am Telefon: »Arabella hat ja einen so gesunden Schlaf!« Doch meiner Mutter kam das spanisch vor, denn kein Mensch braucht an einem Stück sechzehn Stunden Schlaf. Sie drängte uns, zum Arzt zu gehen. Meine Oma hielt das schlichtweg für Unsinn. Meine Ausrede: Die Schule schlaucht so sehr. Zwei Jahre lang zog ich diese Nummer bis zu meinem achtzehnten Lebensjahr durch. Dann darf man bekanntlich alles, ich hatte jedoch kein Interesse mehr. Zwei Jahre führte ich ein Doppelleben, und keiner merkte was, schließlich waren meine Noten gut. Eine Streberin war ich nicht, aber ich lernte unheimlich gern und dadurch viel. Was mir heute sehr zugute kommt, denn an die siebzig Talkgäste in der Woche verlangen ein Einstein-Gehirn. Und das kann man sich bekanntlich antrainieren, nur fünfzehn Minuten am Tag genügen dafür.

Erst vor kurzem beichtete ich meiner Mutter von meinen nächtlichen Eskapaden. Sie war sehr überrascht. Nie hätte sie mir so eine Finte zugetraut. Und weil ich gerade beim Beichten war, schenkte ich ihr auch in bezug auf Streich Nummer fünf reinen Wein ein. Kurz vor meinem vierzehnten Geburtstag entdeckte ich mit meinen Freundinnen das Schminken. Mit Lust und Laune griffen wir in Omis Farbtöpfe und -tiegel. Doch bald bekamen wir Lust auf ausgefallenere Lidschatten, Lippenstifte und anderen Puder. Doch mit fünfzig Mark Taschengeld pro Monat kann man keine großen Sprünge machen. Freundinnen von mir ereilte das gleiche Schicksal, also spionierten wir eine Drogerie aus und klauten ganz einfach die nötigen Kosmetika. Es klappte wunderbar. Ich hatte natürlich Angst, aber der Adrenalinausstoß ließ mich diese fast vergessen.

Eine Woche lang klappte alles so perfekt, daß wir uns in der nächsten zusätzlich noch an Süßigkeiten ranmachten. Auf einmal will man immer mehr. Doch meine Freundinnen wurden auf frischer Tat erwischt, und mir rutschte das Herz vor lauter Schmach in die Hose. Ich wartete bestimmt zwei Stunden vor dem Laden, um zu schauen, was passierte. Die Polizei kam in Minutenschnelle, ich dachte nur, hoffentlich werden sie nicht abgeführt. Die Kälte – es war Ende März – ließ mich schließlich bitterlich frieren, und so lief ich letztendlich nach Hause. Ich hatte die Hosen sprichwörtlich gestrichen voll.

Am späten Abend riefen mich die beiden endlich an. Ihre Eltern hatten sie in dieser Drogerie abholen müssen, eine überaus peinliche Situation. Sie bekamen eine Anzeige und kurze Zeit später eine Geldstrafe, welche die Eltern bei Minderjährigen automatisch übernehmen müssen. Eine Woche lang waren sie für die Lehrer die Sündenböcke der Nation. Unter Schülern galt so eine Aktion jedoch als besonders cool. Ich hatte aber durch diese Geschichte vom Klauen die Nase voll.

Mister Pschyrembel

An meine Haut lasse ich nur Wasser und im äußersten aller äußersten Notfälle einen Arzt. Im Grunde bin ich das umgekehrte Beispiel von einem Hypochonder, ein sogenanntes Ärztemonster. Vor allem in München haben die Götter in Weiß mit mir absolut schlechte Erfahrungen gemacht. Bevor ich eine Praxis betrete, lese ich selbst im Medizinischen Fachwörterbuch nach, in der Ärztesprache als Pschyrembel bekannt. Die 60 Mark 80 war mir dieses Nachschlagewerk wert, schließlich gibt's für Hunderte von Symptomen auch Hunderte von Diagnosen.

Einmal hatte ich jedoch keine Zeit, den dicken Wälzer durchzusehen. Vor einigen Jahren (genaugenommen Juni 1994) wachte ich mitten in der Nacht auf und spürte an meinem Hals einen Höcker. Ich setzte mich sofort senkrecht im Bett auf, um das Ding näher zu untersuchen. Vielleicht hatte ich alles nur geträumt. Fehlanzeige. Ein murmelgroßes Gebilde wuchs aus meinem Hals heraus. Vor lauter Schreck sah ich mir das Ganze im Spiegel an. Eine riesige Beule, und ich hatte das Gefühl, daß sie mit jeder Sekunde größer wurde. Schnell zog ich meine Joggingklamotten an, hier ging es eventuell um Leben und Tod.

Geschwindigkeitsbegrenzungen waren mir piepegal, als ich mit dem Wagen durch die Stadt raste. Um jedoch kein schlechtes Gewissen zu bekommen, schaute ich nicht auf den Tacho. Und wenn sie mich erwischen würden, hatte ich ja immer noch eine Trumpfkarte von der Polizei: einen Ausweis zur schnelleren Einreise von Österreich nach Deutschland. Gerhard Hoppe – der damalige Polizeipräsident der Grenzpatrouille – hatte mir dieses Papier persönlich überreicht, weil ich mich in einem Interview über die ständigen Grenzkontrollen beschwerte. Denn jedesmal filzte man mich mit meinem kleinen roten Citroën AX. Der Ausweis öffnete mir viele Türen, zum Beispiel war ich immer Ehrengast beim alljährlichen Polizeiball. Ein bayerisches Relikt wie der Bonner Presseball.

Ich war was Besonderes mit diesem Papier, und jeder Geschwindigkeitskontrolleur würde davor seine Polizeimütze ziehen. Endlich war ich am Klinikum »Rechts der Isar« angelangt, parkte meinen Wagen irgendwo, denn hier ging es um meine Gesundheit, mein Leben vielleicht, und nicht um ordnungsgemäßes Parken. Der Portier schaute mich verschlafen an, als ich ihn nach dem Weg in die Notaufnahme fragte. Nach einer Weile des Herumirrens sah ich endlich das beleuchtete Schild »Notaufnahme« und »Bitte klingeln«. Ich läutete Sturm, eine Schwester kam raus und fragte mich nach meinem Gebrechen, dann funkte sie endlich den Arzt an.

Als ich ihr meinen Namen fürs Krankenblatt buchstabierte, sagte sie nur: »Sind Sie die Programmansagerin aus Österreich? Ungeschminkt habe ich Sie gar nicht erkannt!« So eine Ansprache paßte mir überhaupt nicht, deshalb verneinte ich höflich und erinnerte mich an einen Mann, der Tage zuvor sogar zu mir gesagt hatte: »Sie haben viel Ähnlichkeit mit dieser neuen Moderatorin bei ProSieben.« Heute würde mir so etwas nicht mehr passieren, denn nach der Briefbombe, den *Playboy*-Bildern und dem Schmuddel-Talk-Skandal kennt mich jeder Großvater und jedes Kind. Laut aktueller Umfrage des Hamburger GEWIS-Institutes sind das achtundneunzig Prozent der Bundesbürger. 1994 waren es nicht mal achtzehn Prozent. In der Klinik konnte mich somit keiner kennen.

Ich wartete, und meine Beule wurde sichtlich größer. Nach zehn Minuten kam ein sehr junger Arzt, und im gleichen Moment wurde ein Unfallopfer hereingebracht. Also wartete ich weiter und bekam bei der verletzten Frau die ganze Prozedur mit: Röntgen, OP-Vorbereitungen, Telefonate mit der Intensivstation. Mir drehte es den Magen um. Als ich auf die Uhr schaute, sah ich, daß ich schon eine Stunde wartete. Wie ein Wunder wurde die Beule an meinem Hals auf einmal kleiner. Ich klingelte noch einmal bei der Notaufnahme Sturm. Der junge Arzt kam raus, sah mich und meinte: »Bevor ich mir Ihr Wehwehchen anschauen kann, muß ich mich erst einmal um die schwierigen Fälle kümmern!« Mir verschlug es glatt die Sprache. Was fiel dem eigentlich ein? Er hatte mich ja noch nicht untersucht und konnte demnach gar nicht wissen, was ich habe.

Zum Glück ging die Schwellung zurück, und ich fuhr einfach wieder nach Hause. Es war fünf Uhr früh, und vor lauter Aufregung machte ich mir erst einmal einen

Tee. Und dazu las ich im Pschyrembel nach, was für eine Krankheit mich eventuell befallen hatte. Durch eine Erkältung spielte anscheinend eine Lymphdrüse verrückt, absolut harmlos. So rief ich am anderen Morgen meinen Hausarzt an, er bestätigte meine Diagnose. Bingo, mein Pschyrembel hatte recht.

Ein anderes Mal ging es leider nicht so glimpflich aus. Mit ein paar Freunden traf ich mich in einer Münchner Sporthalle, um Badminton im Doppel zu spielen. Weil wir mit den Sendungsaufzeichnungen nicht pünktlich fertig wurden, verspätete ich mich und verzichtete deshalb aufs Aufwärmen der steifen Glieder. Ich hasse es, mich durch eigene Termine so unter Druck zu bringen. Es gab sogar mal eine Zeit, da verbannte ich alle Uhren in meinem privaten Bereich. Ich dachte, wenn man nicht weiß, wie spät es ist, dann kommt man in Sachen Zeit nicht in Schwulitäten. Falsch gedacht, die Lage verschlechterte sich sogar, weil alle Leute anriefen und fragten, wo ich wäre. Ich schaffte mir also schnellstmöglich wieder eine Uhr an. Und zum Badminton bin ich noch nie zu spät gekommen. Mit vollem Einsatz hechtete ich auf dem Court herum, bis ich merkte, daß mit meinem Bein etwas nicht stimmte. Es fühlte sich an, als würde es immer länger und länger. Ich hörte ein »Blob«, und dann fiel ich um.

Alle stürmten sofort auf mich zu und fragten, was los wäre. Ich blickte zu meinem Fuß, der irgendwie nicht mehr zu mir zu gehören schien. Die Tränen kullerten wie automatisch über mein Gesicht. Kraft zum Aufstehen hatte ich nicht. Die anderen halfen mir auf die Beine, ich humpelte unter die Dusche und redete mir ein: »Ich habe mir saublöd den Haxen verknackst. Ein Arzt ist nicht nötig!«

Auf diesen Schreck tankten wir alle erst einmal einen Fruchtsaft an der Hallen-Bar. Kurz vor Mitternacht humpelte ich zu meinem Wagen, schnallte mich an und wollte losfahren. Doch ich konnte das Kupplungspedal nicht durchdrücken. Ich probierte es immer und immer wieder, nichts passierte. Vor Wut stieg ich aus, nahm ein Taxi, in der Hoffnung, daß am nächsten Tag alles vorbei sein würde. Noch nachts las ich im Pschyrembel nach und war mir sicher, daß der Fuß verstaucht war. Der Knöchel wurde jedenfalls richtig dick.

So humpelte ich mich drei Tage durch die Sendungen und freute mich aufs Wochenende, denn mein Freund Hans wollte nach München kommen. Er sah mein Bein und legte sofort los: »Damit mußt du sofort zum Arzt! Mit so etwas spaßt man nicht, und überhaupt gehst du viel zu schlampig mit deiner Gesundheit um!«

Ich konterte mit dem Pschyrembel. Ich hatte eindeutig eine Verstauchung, und damit muß man doch nicht zum Arzt. Hans hielt mir vor, daß meine Aversion gegen Ärzte eine Erbkrankheit sei. Das stimmt sicher, denn sowohl Omi als auch Mutti suchen die Götter in Weiß erst auf, wenn klar ist, daß sonst im nächsten Moment ein Bein abfallen könnte. Hans redete weiter auf mich ein, also gab ich diesem Quälgeist nach und fuhr mitten in der Nacht mit ihm in ein Schwabinger Krankenhaus.

Der diensthabende Arzt schaute mich skeptisch an, und ich sagte nur: »Für die Verstauchung brauche ich eine Salbe.« Der Arzt runzelte die Stirn, ging ins Ärztezimmer, um mir nach zehn Minuten folgendes zu offenbaren:

»So, Frau Kiesbauer, Sie haben einen Achilles-Sehnenriß. Die Sehne ist komplett abgetrennt, und das Ganze befindet sich im fortgeschrittenen Stadium. Ich behalte Sie hier, mache alle notwendigen Untersuchungen und operiere Sie gleich morgen um acht Uhr.«

Mir verschlug es die Sprache. Ich schaute Hans fragend an und glaubte nicht, was der Mensch vor mir da erzählt hatte. Der Arzt hörte mit seinem Vortrag nicht auf: »Sie müssen vier Wochen im Krankenhaus bleiben, dann bekommen Sie einen Gips, und in zwei Monaten können Sie, wenn alles glattgeht, wieder arbeiten.« Kopfschüttelnd entgegnete ich: »Soll das ein Scherz sein?« Leicht angesäuert erklärte er mir, er würde in Gesundheitsdingen keine Scherze machen und schon gar nicht in so einem Fall. Ich flüsterte meinem Freund ins Ohr: »Der kann viel erzählen. Ich gehe noch zu einem anderen Arzt!«

Hans schwieg, und ich unterschrieb dem Doktor das Formular, daß ich das Krankenhaus auf eigene Gefahr verlasse. Widerwillig ließ er mich gehen, und schnurstracks kehrten wir im nächsten Restaurant ein, denn ich hatte von dem Ärzte-Tohuwabohu einen Bärenhunger. Aus Liebe zu Hans, der auf dem Rückweg nach Wien war, besuchte ich am Wochenanfang noch zwei andere Gesundheitsspezialisten, obwohl ich immer noch überzeugt war, daß ich nur eine klassische Verstauchung hatte. Die Ärzte erzählten jedoch das gleiche wie der Klinikarzt und hätten mich am liebsten notoperiert. Ich traute ihnen nicht und fuhr deswegen in meine Redaktion. Aber auch die Redakteure schlugen die Hände über den Kopf, schließlich wollten sie keine humpelnde Moderatorin. Rotzfrech kontaktierten sie hinter meinem

Rücken einen Sportarztguru, den ich weitläufig kannte, weil seine Frau als Modedesignerin und seine Tochter mal als Model bei mir in der Talkshow gewesen waren. Man verfrachtete mich in Null Komma nichts in ein Taxi, und ehe ich mich versah, saß ich in der Praxis eines Prominentenarztes. Geduldig setzte ich mich ins Wartezimmer und hoffte, einen Promi wie zum Beispiel Boris Becker oder Mehmet Scholl zu sehen. Eine Arzthelferin rief mich auf und brachte mich ins Sprechzimmer. Der Doktor schaute meinen linken Fuß kurz an und sprach folgendes Machtwort: »Jetzt hören Sie mir gut zu! Wenn Sie zeitlebens ein Krüppel sein wollen, dann verlassen Sie auf der Stelle meine Praxis. Wenn nicht, überweise ich Sie sofort in eine Klinik, denn Sie müssen operiert werden. Da führt kein Weg dran vorbei.«

Anscheinend hatte er von meinen lieben Kollegen beim Sender etwas über meine verschiedenen Arztkonsultationen erfahren und wusch mir hiermit den Kopf. Um nicht ganz so dumm dazustehen, versuchte ich mich mit meinem Horror vor Gips rauszureden. Als siebenjähriges Kind war ich nämlich mal, ohne nach rechts oder links zu gucken, auf die Straße gelaufen. Ein Auto erfaßte mich, ich wurde über die Motorhaube geschleudert, und so wurde später meine rechte Hand eingegipst. Viel schlimmer erwischte es mich drei Jahre später. Ich hatte mich mit den Jungs auf der Schule schon immer für mein Leben gern geprügelt. Es kam immer sehr schnell zu Rempeleien, weil sie die Mädchen zwangen, sie zu küssen. Auch mich hatten sie ständig in den Fängen. Ich wehrte mich heftig, fiel blöd und brach mir dummerweise beide Arme. Von den Schultern bis zu den Fingern alles in Gips. Zwei Monate lang. Ich konnte nicht alleine essen, mich nicht alleine anziehen, und obendrein mußte mir meine Omi noch den Popo abputzen. Grausig!

Während ich mein Leid schilderte, telefonierte der Doktor schon mit einem Arzt vom Bogenhausener Klinikum. Kurz danach landete ich in einem Krankenbett. Drei Schwestern bereiteten mich umgehend für die Operation vor. Zwischendurch rief ich die wichtigsten Leute an: meine Omi, meine Mutter, meinen Manager und meinen Chefredakteur. Meine Omi meinte: »Was sein muß, muß sein!« So leicht ließ sie sich nicht schocken, schließlich hatte sie in ihrem Leben viel mitgemacht. Sie informierte meinen Freund Hans, der sich anscheinend über meine Einsicht freute und mir gleich per Fleurop einen Strauß weißer Lilien schickte. Meine Mutter heulte sofort drauf los. Sie war ängstlicher als ich, somit mußte ich sie während unseres Telefonats ständig beruhigen. Mein Chefredakteur war überhaupt nicht begeistert. Er überlegte sofort, was er in diesen zwei Monaten anstelle neuer Arabella-Sendungen ausstrahlen konnte. Die Lösung waren Wiederholungen.

Das war das erste Mal, daß ich Angst um die Quote hatte, denn meine Sendung war noch ein Frischling (würde man in der Förstersprache sagen) unter den Talkshows, und wenn ein Frischling auf einmal von der Bildfläche verschwindet, treiben andere ihr Unwesen in der Schonung. Doch entgegen aller Befürchtungen quoteten die Wiederholungen sehr gut, und als ich nach einer Woche mit Liegegips die Klinik verließ, freute ich mich über jedes Interview. Die Sendung lief gut, also was konnte mir passieren? Meine Mutter pflegte mich in ihrem Haus in Bayern, und die Presse feierte mich: »Schönstes Gipsbein im Deutschen TV«.

Nach drei Wochen wurde aus dem Liegegips ein Gehgips, und endlich konnte ich wieder vor der Kamera stehen. Doch ich hatte mich zu früh gefreut, denn der Streß wurde schlimmer als jemals zuvor. Zum einen wurde das Produktionspensum erhöht, schließlich mußte man nachholen, was in den vier Wochen versäumt worden war. Und zum anderen strengte mich die Fortbewegung mit den Krücken ziemlich an. Von ProSieben bekam ich ein Auto mit Automatikgetriebe, so war ich wenigstens motorisiert, und eine Physiotherapeutin nahm sich meiner sechs Wochen lang an. So lernt man neu laufen. Und ich ärgerte mich über mich. Meine Unachtsamkeit und mein Mißtrauen gegenüber Ärzten mußte ich teuer bezahlen. Mein linkes Bein wurde nie wieder so muskulös und stark wie vor der Operation. Und hohe Absätze kann ich mir auch nicht mehr leisten. Durch eine Archillessehnen-Verkürzung läuft man wie ein Storch im Salat. Einen Monat lang (Mitte November bis Mitte Dezember 1994) gab's dann Sendungen mit Arabella in Gips. Aber hinterher ist man bekanntlich immer schlauer – oder auch nicht.

Im Juli 1997 wurde ich erneut auf die Probe gestellt. Diesmal waren es Pusteln auf meiner Haut. Ich tippte auf eine überfallartige Pickelattacke und las natürlich nicht im Pschyrembel nach. Was ich nicht weiß, macht mich nicht heiß. Zumal unsere Außenproduktion in Rügen anstand. Windpocken oder irgendeine andere Krankheit hätten unseren ganzen Zeitplan durcheinandergebracht.

Schon Wochen zuvor werden solche Produktionen technisch und redaktionell vorbereitet, damit man vor Ort gute Aufzeichnungsbedingungen hat. Das wollte ich in keiner Weise in Gefahr bringen. Doch der Gedanke, ob ich Windpocken hatte oder nicht, wühlte mich innerlich auf. Also fragte ich meinen Fahrer Herbert, ob er glaubte, daß ich Windpocken habe. Ihm erzählte ich fast alles, denn ich weiß, daß er meine Geheimnisse mit in sein Grab nimmt. Er schüttelte den Kopf und meinte: »Wenn du Windpocken hast, dann bin ich schwanger.« Das wollte ich hören, und er mußte es wissen als Vater von zwei Kindern und Großvater von Enkelkindern, die wohl alle mal die Windpocken gehabt hatten. Trotzdem ließ das Jucken nicht nach, eine allgemeine Schlappheit kam hinzu, darüber hinaus von Zeit zu Zeit Fieber, und die unangenehmen Pocken breiteten sich auf meinem ganzen Körper aus. Aber warum sollte gerade ich zu den fünf Prozent gehören, die sich in einem Alter jenseits der Zwanzig mit Windpocken rumplagen müssen? Ich wollte es nicht wahrhaben.

Der einzige, der etwas unternahm, war mein Manager Christian Seidel. Für Katastrophen hat er den siebten Sinn. Heimlich heuerte er eine Ärztin für einen Hausbesuch an – direkt zu mir ins Studio. Sie schaute mich an, sah mein rot verquollenes Dekolleté und sagte: »Mindestens zehn Tage Quarantäne! Sie haben die Windpocken, und die sind hochgradig ansteckend.«

Zu Hause puderte ich mich am ganzen Körper ein, schließlich juckten die Dinger höllisch. Und aus Angst, ich könne Pockennarben bekommen, kratzte ich nur auf meinem Kopf. Wenn es am Bauch fürchterlich juckte, kratzte ich zur Ablenkung auf dem Kopf. Schließlich sieht man durch die Haare keine Narben. Als nächstes rief ich meinen Fahrer Herbert an: »Du bist schwanger, denn ich habe die Windpocken.« Er konnte es nicht fassen, meinte dann aber, daß er sich wohl geirrt habe, weil die typischen Pusteln bei Farbigen eben anders aussehen. Ich wurde gemieden, was das Zeug hielt. Und die Redaktion betete um meine schnelle Genesung, damit die Außenproduktion auf Rügen nicht ganz ausfiele. Der Countdown lief, und nach zwölf Tagen gab die Ärztin ihr Okay.

Mein Fahrer Herbert verfrachtete mich in unseren »Arabella-ProSieben-Gästebus«, und Stunden später waren wir auf der Autobahn Richtung Norden. Ich schlief die ganze Fahrt über und fühlte mich deswegen auf Rügen wie neugeboren. Herauskam eine der erfolgreichsten Arabella-Sendungen: »Bademode '97 – Wieviel nackte Haut darf sein?« Mit sexy Körpern erzielten wir am 16. 6. 1997 eine Quote von sage und schreibe 16,9 Prozent (alle Zuschauer ab drei Jahren). Im Trend '97 stieg der Marktanteil meiner Sendung im Vergleich zum Vorjahr um einen Prozentpunkt. 1998 und 1999 ging's dann noch einmal um fast zwei Prozent rauf. Ob das jetzt an den Windpocken lag, ist schwierig zu sagen. Eins ist Fakt: Auch wenn man denkt, man würde zu den Hartgesottenen gehören, rafft jede Krankheit den Stärksten dahin. Deshalb sollte man in Sachen anstehender Arztbesuch nicht so unbesonnen handeln wie ich.

Das Kiesbauer-Syndikat

Eines wurde uns Kiesbauers in die Wiege gelegt: die Abenteuerlust und absolut kein Sitzfleisch. Deswegen kann man uns eins getrost nachsagen: Wir sind immer unterwegs. Meinen Urgroßvater und wahrscheinlich auch meine Ururgroßväter befiel schon dieser Reisevirus. Als Glasbläser zog mein Urgroßvater aus dem Böhmischen in Richtung Ungarn, Deutschland und Tschechien. Die Familie immer im Schlepptau. Die nächste Generation war auch nicht seßhafter. Meine Großmutter floh mit meiner Mutter während des Krieges aus Tschechien. Wien wurde für sie zur zweiten Heimat. Aber auch in Wien brach bei meiner Mutter der Reisevirus aus. Als Schauspielerin war sie ständig unterwegs, besonders in Deutschland. Bis heute kann sie sich für keinen Ort so richtig entscheiden: Sie haust in Berlin, in Wien, in München und im Ausland. So lernte sie auch meinen Vater mitten im Reisechaos kennen und erlag blind seinem Charme.

Auf der Autobahn zwischen Bonn und Köln fuhr er auf einmal neben ihr. Sie zwinkerten sich zu, lächelten sich an, und bei der nächsten Autobahnraststätte machten beide einen Stop und verabredeten sich. »Ein Charmeur par excellence«, schwärmt meine Mama heute noch, wenn sie über alte Zeiten spricht. Neun Monate nach dieser schicksalhaften Begegnung erblickte ich in Wien das Licht der Welt. Meine Vornamen überlegten sie sich gemeinsam: Asereba (ghanesisch und bedeutet: »was wir uns erwünscht haben«), Cosima (klaute meine Mama nicht von Wagner, sie wollte nur einen zweiten Vornamen zur Auswahl für mich) und Arabella (la belle Arabe), schöne Araberin). Nach einem kurzen Geburtszwischenstop in der österreichischen Hauptstadt düste meine Mutter wieder weiter. Diesmal nach Karlsruhe zum Staatstheater.

Ein kleiner Rosenkrieg zwischen Mama und Papa begann. Er wollte mit ihr und mit mir in seine afrikanische Heimat Ghana, und sie bekam Probleme mit seiner Mentalität. Sein Lieblingsspruch lautete: »Don't worry, be happy.« Irgendwie funktionierte es mit den beiden nicht, und sie trennten sich.

Manchmal bringe ich meine Mutter auf die Palme, denn ich habe nicht nur die Hautfarbe von meinem Vater geerbt, sondern auch etwas von seiner »Don't-worry-be-happy«-Mentalität. Manche Sachen nehme ich einfach auf die leichte Schulter, meine Mutter wäre in gleichen Situationen längst explodiert. Da war zum Beispiel mein erster Freund Gonzalo. Er war Spanier, eine Stufe über mir am französischen Lyzeum, und mit siebzehn flog ich mit ihm und mit meiner Mutter nach Mallorca. Obwohl er ihr ein Dorn im Auge war, akzeptierte sie ihn. Sie kannte ja meinen Sturkopf, denn wenn sie mir etwas verbot, machte ich genau das Gegenteil. Also blieb ihr nicht viel übrig, als mir meinen Willen zu lassen.

Gleich am ersten Tag mußten wir wegen einer kaputten Toilettenspülung die Handwerker holen. Meine Mutter brach sich einen ab, um sich gegenüber dem Mallorquiner verständlich zu machen. Mit wütenden Blicken guckte sie meinen Freund an, denn sie war der Meinung, Gonzalo als Spanier könnte die Problematik mit der Toilette viel leichter erklären. Sie motzte uns an, und ich lachte mich innerlich kaputt, schließlich kann man als Spanier nicht unbedingt die Inselsprache. Aber so ist sie halt meine Frau Mama, impulsiv, daß sich die Balken biegen. Ich dachte mir nur: »Don't worry, be happy.« Alleine mein Blick brachte ihr Blut in Wallung.

Mama wie Großmama gaben mir jedoch eindeutig zu verstehen, daß Gonzalo als Künstler und Maler nicht so der Richtige für mich wäre. Daß es deswegen mit ihm auseinanderging, glaube ich nicht. Er war meine erste Liebe, und die Zeit mit ihm war wunderschön. Deshalb hatte ich bei dem Thema »Ich will meine Jugendliebe zurück« auch ein komisches Gefühl im Bauch. Am 19. 10. 1998 talkte ich mit meinen Gästen, ob die erste Liebe überhaupt je Zukunft haben kann. Mittlerweile waren genau dreizehn Jahre seit meiner Beziehung mit Gonzalo vergangen, und ich war mir sicher, daß wir inzwischen gar nicht mehr zusammen passen konnten. Eine erste Liebe ist schön und gut, aber nichts auf Dauer, davon war ich überzeugt. Zwei Talkgäste überzeugten mich vom Gegenteil, denn sie hatten mit ihrer Jugendliebe den Menschen fürs Leben gefunden. Ausnahmen bestätigen eben die Regel.

Bestes Beispiel für die These allerdings, daß Liebe nicht immer ewig hält, war die Beziehung meiner Eltern.

Ende 1969 erlag meine Mutter noch einmal dem Charme meines Vaters und ging mit ihm nach Ghana. Wie paralysiert schaute sie zu, wie ein zivilisierter Diplomingenieur sich in den Sohn des Stammesältesten verwandelte. Vom New Age in archaische Urzeiten zurück: Tänze, afrikanische Rituale und heiliges (saudreckiges) Flußwasser zum Trinken. Als Frau hatte sie da sowieso nicht viel mitzureden. Es hatte das gemacht zu werden, was der Mann sagt. Und das ist wahrlich nicht die Welt meiner Mutter.

Schnell war klar, daß wir, sie und ich, nicht länger zu diesem Mann gehörten. Ungefähr fünf Jahre spukte mein Vater allerdings noch intensiv in unserem Leben herum. Meine Mutti ärgerte sich über seine ungedeckten Schecks, über nicht eingehaltene Absprachen und eine neue Seite von ihm: »Komm ich heute nicht, komm ich morgen.« Gemeinsam schossen Omi und Mama ihn in den Wind, und gemeinsam verfluchten sie ihn: »Der kommt uns nicht mehr über die Türschwelle!« Doch so stark wie meine Oma war, so schwach wurde sie, wenn mein Vater wirklich mal sporadisch vor der Wohnung auftauchte. Es brauchte nur Nana zu hauchen, und schon schmolz sie dahin. Nana heißt in der Stammessprache meines Vaters »Häuptling«, und so hatte er sie von Anfang an als Familienoberhaupt akzeptiert. Das gefiel meiner Großmutter, und deswegen lobte sie ihren Schwiegersohn: »Was für ein netter, charmanter, gutaussehender Typ. Ein richtiger Lebemann!«

Aber Lebemänner sind bekanntlich keine guten Ehemänner. Jahre später fand er dann endlich seine Häuptlingsfrau. Eine sehr mütterliche, ganz reizende Afroamerikanerin. Die beiden leben glücklich in den Staaten.

Meine Mutter war in meiner Kindheit durch Theaterengagements in Bonn, Köln, Hamburg und Berlin unterwegs. Da war meine Omi mit ihrer gemütlichen Wiener Altbauwohnung der Ruhepol in meinem Leben. Trotz ihres Alters war sie aber stets unternehmungslustig, und so reisten wir meiner Mutter oft nach. Ich fand das herrlich. Es gibt nichts Schöneres als Kind, als immer unterwegs zu sein, mit der Bahn zu fahren, vor Ort in den Koffern und in den Umzugskisten zu wühlen und ständig neue Menschen kennenzulernen. Ich fühlte mich wie ein kleiner Pfadfinder, jeden Tag ging ich auf Entdeckungsreise. Und zwischen meinen beiden Frauen herrschte klare Arbeitsteilung, was mich anbetraf. Wenn wir zusammen essen oder einkaufen gingen, war meine Mama das Familienoberhaupt, denn sie zahlte. Es war eine schwierige Zeit, meine Omi bekam wenig Rente, mein leiblicher Vater schickte nur ungedeckte Schecks. Geldangelegenheiten waren also Muttis Sache. Und wenn es um Entscheidungen rund um die kleine Arabella ging, war meine Omi das Familienoberhaupt. Schließlich löste sie anstehende Probleme sofort.

Einmal hänselte man mich als »Negerlein«. Ich war außer mir, heulte sofort los und ging nach der Unterrichtspause gar nicht mehr in die Klasse. Schnell wie der Wind lief ich zu meiner Großmama. Und beim Anblick meines verheulten Gesichts packte sie so die Wut, daß sie zur Schuldirektion ging und sich beschwerte: »Ich nehme sofort das Kind aus Ihrer hoch elitären und angeblich internationalen Schule, wenn solche kleinkarierten Hänseleien stattfinden!« So hatte ich meine Omi noch nie erlebt. Noch Tage, wenn nicht sogar Monate später bukkelten die Lehrer vor ihr wegen des simplen Ausrutschers eines Schülers. Meine Omi war eben eine Autoritätsperson. Von diesem Tag an hatte ich meine Ruhe.

Solche Problemchen wurden in unserem Dreimädelhaus im Vorfeld und oft danach bis zum Exzeß telefonisch ausdiskutiert. Meine Mutter hatte horrende Telefonrechnungen. Aber ich liebte es: Zwei Power-Frauen, die sich nur um mich kümmerten.

Auch in den Ferien war ich immer ganz eng mit Mama und Omi zusammen. Daß ein Mann im Haushalt »fehlte«, fiel gar nicht auf. Zwar hatte meine Omi einen langjährigen Freund, Onkel Seppl, der wohnte jedoch nicht bei uns, und somit hatte er auch kein Mitspracherecht, was mich betraf. Zwar liebte ich immer die Wochenenden mit ihm, Spaziergänge und Heurigen-Besuche, Entscheidungen und Lösungen wurden aber nur unter uns Frauen getroffen, halt wie bei einem Syndikat.

Eins hat unsere Eintracht damals allerdings hin und wieder gefährdet. Meine Schüchternheit trieb meine Mutter von Zeit zu Zeit in den Wahnsinn. Mir war es peinlich, wenn sie mich am Oberarm packte und zu den anderen Kindern Richtung Spielplatz schleifte. Anders war ich leider damals nicht zu bewegen, die Kinder im Sandkasten anzusprechen. Je älter ich wurde, um so größer wurde mein eigener Sturkopf. Ungefähr mit zehn Jahren bildete ich mir ein, ich würde Kriminalromanautorin werden. Eine Kinderschreibmaschine, die mir meine Mutter mal zu Weihnachten schenkte, leistete mir dafür gute Dienste. Nach acht Seiten, praktisch kurz vor dem Mord, hörte ich auf zu schreiben. »Der Tod des Jimmy Hendriks« (absolut keine Ähnlichkeit mit dem Sänger) landete somit in irgendeiner Schublade. Als meine Mutter die paar Zeilen fand, war sie hellauf begeistert. Auch mein Stiefvater Horst, den meine Mama in Hamburg kennengelernt hatte, fand als Theaterintendant meinen Miniroman ziemlich gut. Doch um weiterzumachen, fehlte mir schlichtweg die Motivation. Schon allein weil das Tippen auf der Schreibmaschine so mühsam war. Ich kreiste immer erst dreimal mit einem Finger über die Schreibmaschinentastatur, bevor ich einen Buchstaben fand. Und ich hatte wahrlich andere Probleme, als diese Künste zu verbessern.

Manchmal haßte ich mich so sehr, daß ich mich in meinem Zimmer in meine Bücher verkroch. Meine Mutter bohrte dann immer tagelang am Telefon, was ich denn hätte. Sie wußte genau, daß ihrer kleinen Arabella wieder etwas über die Leber gelaufen war. Sie hatte recht. Mit zwölf Jahren stand ich einmal in der Früh auf, beeilte mich, in die Schule zu kommen, und kam wie immer ein paar Minuten zu spät. Sowieso war ich immer die letzte, und alle Lehrer, die ich in den ersten Unterrichtsstunden hatte, wußten ganz genau: Jetzt klopft Arabella mit einer ihrer typischen Entschuldigungen an die Tür. Entweder war ich beim Onkel Doktor gewesen, oder der Strom war zu Hause ausgefallen und der Wecker hatte nicht geläutet. Alles nicht sehr glaubwürdig. Jedenfalls entdeckte ich an diesen besagten Morgen in den spiegelnden Scheiben der Straßenbahn, daß meine Haare wie ein Wollknäuel aus den siebziger Jahren ausschauten. Ein Afrohaarbüschel vom Feinsten. Ich fragte mich ernsthaft, ob ich meine Haare abrasieren sollte. Am nächsten Tag trug ich dann eine Art französische Baskenmütze. Eine Woche lang nahm ich die Mütze nicht mehr ab, außer wenn ich ins Bett ging. Und am siebten Tag, als meine Mutter wieder fragte, was denn los sei, brüllte ich am Telefon: »Ich hasse meine Haare. Die sehen aus wie Wolle.«

So, jetzt wußte meine Mutter endlich, was mit mir los war. Sie atmete auf und sagte supercool: »Arabella, du befindest dich in der Pubertät. Es gibt im Moment sicher vieles, was dich stört. Das ist nun mal so. Aber das meiste wird sich zum Guten wenden, vertraue mir.« Meine Omi war auch sehr lieb. Sie meinte, daß glatte, blonde Haare gar nicht zu meinem Typ passen würden. Auf einmal kam ich mir albern vor, schmiß meine blöde Mütze in die Ecke und ging erhobenen Hauptes wieder in meine Schulklasse. Bis zu meinem fünfzehnten Lebensjahr.

Noch einmal übermannte mich das Gefühl, etwas gegen meine krausen Haare tun zu müssen. Ich wußte auch schon, wie. Grace Jones mit ihrer Platte »Island Life« lieferte mir die Idee, mal einen Brikettschnitt auszuprobieren. Ich überredete meine Omi, sie gab mir Geld, und ein Wiener Promifriseur verpaßte mir eine Kastenfrisur, oben ganz kurz und an den Seiten ziemlich ausrasiert.

Beim Blick in den Spiegel traf mich fast der Schlag. Ich sah aus wie ein Mannweib. Und meine abstehenden Ohren waren erst recht zu sehen. Du meine Güte! Erst nach Tagen fand ich mich mit dem Malheur ab, schwor mir aber, nie wieder zum Friseur zu gehen. Also stutzte ich mir eine ganze Zeit lang mit Handspiegeln meine Stummeln selbst.

Meine beiden Powerfrauen hatten auch so ihre Probleme mit den Meistercoiffeuren. Nach Schönheitssitzungen steckten sie ihren Kopf sofort unter Wasser und frisierten sich so, wie es ihnen selbst am besten gefiel. Einmal verschnitt einer die Haare meiner Mama so sehr, daß sich meine Omi Tage später bei ihm beschwerte. Ihr Motto: Immer in die Höhle des Löwen gehen. Sie hatte Erfolg. Monate später frisierte man meine Mama noch einmal kostenlos. Während einiger meiner Sendungen »Mein Friseur und ich« (9. 11. 1994) und »Haarig, haarig, wenn Friseure plaudern!« (27. 4. 1995) lernte ich später, daß Friseure für Männer genauso wie für Frauen die besten Psychologen sind. Man erzählt ihnen alles und bezahlt nur für eine Frisur. Ganz praktisch, aber nichts für mich. Mehrere Male hatte ich sogar einen Intimhaarfriseur aus Berlin zu Gast. Er hütet ganz spezielle Geheimnisse seiner Kundschaft aber leider wie einen Schatz. Nicht mal ich konnte ihm eine klitzekleine Geschichte entlocken.

Ein weiteres Teenager-Problem von mir (so nenne ich es mal), trat einige Jahre nach meinem Frisuren-Vorfall auf: Mich irritierte mein breites Becken. Irgendwie wurden mir meine Hosen zu eng, und mir fiel auf, daß ich unten rum immer breiter wurde. Ich wußte nicht, woran das lag. Natürlich tat ich in Sachen Sport nichts für meine Figur, warum sollte ich auch. Als Hobby hatte ich ja meine Bücher, und sonst war ich grottenfaul. Ich erzählte meiner Großmutter von meinem »Beckenproblem«, sie informierte telefonisch meine Mutter, und ungefähr nach drei Tagen bekam ich die Lösung serviert: »Arabella, du hast halt ein gebärfreudiges Becken. Manche wären froh, wenn sie solche erotischen Rundungen hätten. Schließlich gehören die zu einer richtigen Frau.«

Innerlich war ich wieder zufrieden, und bis heute habe ich diese Antwort in einer meiner Gehirnschubladen gespeichert. Manchen Frauen, die ich durch meine Sendungen kennenlerne, die ähnliche Probleme haben, gebe ich diese Worte meiner Mutter mit auf den Weg. Hoffentlich fallen mir bei meinen Kindern genau solche trickreichen Erklärungen ein. Ich wünsche mir auf jeden Fall zwei Töchter, halt auch einen Weiberhaushalt. Meine Mama wünschte sich dagegen damals lieber einen Sohn, und zwar aus dem Grund, daß sie dachte, daß man es als Junge leichter hat. Heute ist sie froh, daß sie eine Tochter hat. Obwohl ich mich mit dem Gedanken, ein Mann zu sein, durchaus anfreunden kann. Ich wäre halt jetzt so eine Art Andreas Türck.

Ich bewundere meine Mutter nach wie vor. Für jedes Problem, sei es noch so irrwitzig, hat sie immer eine Lösung parat. Ein Problem, das sie nicht so leicht bewältigen konnte, war die Frage, welche berufliche Laufbahn ich einschlagen sollte. Die Schauspielerei fiel für mich von vornherein aus, schließlich kann man als Farbige keine Desdemona im Othello spielen. Klavier und Ballett konnte ich mehr schlecht als recht. Also schlug meine Mutter Gesang vor. Eine Freundin von ihr, übrigens eine bekannte Opernsängerin, erklärte sich bereit, meine Stimme in einem Vorsingtermin zu checken. Meine Mutter verfrachtete mich nach Berlin, und diese nette Freundin hörte sich meine Künste an. Ihr Urteil: »Na ja, die Stimme ist ausbaufähig.« Was für mich so viel heißt wie: »Am besten läßt sie es bleiben.« Meine Mutter schlug sich so die singende Arabella aus dem Kopf, und ihre Suche nach dem richtigen Job für mich ging weiter. Bis etwas passierte, was sie erst einmal zum Grübeln brachte und außer Gefecht setzte.

Vor lauter Angst sprang sie nämlich aus einem fahrenden Auto. Blöderweise war ich der Chauffeur. Im April 1987 feierte ich meinen achtzehnten Geburtstag. Im Sommer machte ich mein Abitur (heißt in Österreich Matura), und im Herbst trat ich zum Führerschein an. Zwei Wochen sollte dieser Intensiv-Schnell-Kurs dauern. Ich war skeptisch, in solch kurzer Zeit Fahrtheorie und Fahrpraxis zu lernen. Aber solche Kurse sind in Österreich normal, in Deutschland (das weiß ich) schüttelt man deswegen den Kopf.

Gleich am ersten Tag sagte der Fahrprüfer zu uns: »Die Matura ist ein Scheißdreck gegen die Führerscheinprüfung. Hier lernt ihr was Gescheites fürs Leben, und das ist kein Zuckerschlecken«. Warum schüchtert dieser Trottel uns nur so ein, fragte ich mich. Sofort zweifelte ich an mir, nach dem Motto: »Das schaffe ich nie!« Also bat ich meine Mutter, bei ihrem nächsten Autotrip nach Wien, doch mit mir zu üben. Natürlich noch nicht im normalen Straßenverkehr, ein Parkplatz oder ein Waldstück wäre dafür ideal. Meine Mutter stellte mir ihr Auto zur Verfügung und unterzog mich einer sehr harten Prüfung. Ich mußte barfuß, rückwärts an einem Hang mit gezogener Handbremse anfahren. Es funktionierte prima. Einmal soff der Wagen ab, danach freute ich mich, daß das Auto machte, was ich wollte. Meine Mutter war skeptisch. Alles ging gut, bis der Parkplatz in einen holprigen Waldweg mündete. »Bitte fahre nicht in den Wald hinein. Geh auf die Bremse!« sagte meine Mutter.

Blöderweise vergaß ich vorübergehend, wo die

Bremse war, fing an, hysterisch zu werden, und schrie: »Wie halte ich diesen Wagen an?« Meine Mutter bekam Angst, schließlich hatte sie es mir mindestens hundertmal erklärt. Sie öffnete einfach die Beifahrertür und sprang. Ich zog die Handbremse, der Wagen quietschte, aber er blieb stehen. Dann verwechselte ich noch Bremse mit Kupplung, der blöde Wagen stotterte, der Motor soff plötzlich ab. Endlich Ruhe! Meine Mutter lag im Gras und fluchte: »Das lernst du nie! Für die Fahrprüfung sehe ich schwarz!« Mir war das egal. Und wenn ich sie fünfmal mache, irgendwann halte ich schon diesen Führerschein in der Hand, dachte ich. Schließlich gibt es welche, die sich noch dümmer anstellen als ich. Und wenn die das schaffen, schafft Arabella Kiesbauer es auch. Recht hatte ich. Die Theorie schaffte ich im Handumdrehen, und der Tag der Fahrprüfung rückte näher. Freitag, zwölf Uhr, ein Glück war es nicht Freitag der Dreizehnte. Zwar bin ich überhaupt nicht abergläubisch, aber beim Autofahren weiß man ja nie.

Meine Unsicherheit spürte auch mein Lehrer, deshalb bot er mir an, am Prüfungstag zwei Stunden vor dem Test zusätzlich mit ihm zu üben. Ich machte falsch, was man falsch machen konnte: fuhr in eine Einbahnstraße, verwechselte die Bremse mit dem Gaspedal und fuhr beim Einparken halb auf den Bürgersteig. Mein Fahrlehrer schlug nur die Hände über den Kopf, und der Termin mit dem Fahrprüfer rückte näher und näher. »Ich rassele voll durch«, spukte es in meinem Kopf. Es lief gar nicht gut. Der Fahrprüfer machte mich darauf aufmerksam, doch einen Gang einzulegen, sollte ich vorhaben, von der Stelle zu kommen. Kurz nach diesem peinlichen Vorfall fiel mir eine Frau auf, die an einem Fußgängerüberweg wartete. Mein Großhirn stritt sich mit meinem Kleinhirn: »Fahr ich noch drüber oder nicht?« Ich fuhr und holte mir die nächste Rüge vom Fahrprüfer ein. Jetzt war mir alles egal, denn ich war ohnehin sicher durchzufallen. Zu meiner Verwunderung hielt ich Stunden später meinen österreichischen Führerschein in den Händen.

Ab sofort war Arabella nur noch mit ihrem kleinen roten Citroën AX unterwegs. Meine Mutter taufte mich kurzzeitig in Arabella Lauda. Mein Freund Hans, den ich jetzt öfter in Mödling (20 Kilometer südlich von Wien besuchte, freute sich über meinen schnellen Erfolg. Augenzwinkernd gab ihm meine Mutter jedoch den Rat: »Wenn du mit Arabella fährst, dann nur mit einem Schleudersitz mit Fallschirm wie bei James Bond.« Ihre Erfahrung, was meine Fahrkünste anbelangte, blieb unvergeßlich.

Bei Hans trafen übrigens die unterschiedlichen Meinungen in unserem Dreimädelhaus gewaltig aufeinander. Meine Mutter und meine Oma vermochten meine Begeisterung über ihn nicht zu teilen. Ihrer Meinung nach war er viel zu alt für mich. Meine Mama hatte ziemliches Pech in ihrer ersten Ehe, ihr Mann war 25 Jahre älter als sie, und zwischen beiden hat es nicht so richtig funktioniert. Mich wollte sie eben vor einem ähnlichen Schicksal bewahren. Meiner Meinung nach mußte ich jedoch selbst meine Erfahrungen machen. Was immer die beiden Kiesbauer-Damen mir sagten, ich wollte es nicht hören. Wie es zum einen Ohr rein ging, so ging es zum anderen Ohr raus. Im nachhinein tut es mir leid. So störrisch wie ich war, hätte ich nur noch als Esel Arbeit finden können.

Jedenfalls machte sich in mir das Gefühl breit, daß Mutti und Omi generell eine Allergie dagegen entwickelten, daß es in meinem Leben Männer gab. Und so nahm ich nichts ernst, was sie sagten. Das Sprichwort »Liebe macht blind« mutierte bei mir in »Liebe macht blind, taub und rechthaberisch«. Bei den kleinsten Dingen fingen wir an zu streiten. Man konnte mir nichts recht machen, und ich konnte es niemandem recht machen. Ich entwickelte mich zu einem Teufel, und irgendwann platzte meiner Omi deshalb der Kragen, und sie brüllte mich an: »Jetzt ist Schluß!«

In meiner Engstirnigkeit war ich stocksauer und tödlich beleidigt. Bei mir brannten ein paar Sicherungen durch, ich packte meine Sachen und rief Hans an, um zu fragen, ob er mir erst einmal für ein paar Wochen Asyl gewähre. Er freute sich tierisch, meine Großmama heulte tagelang, und meine Mama beruhigte sie die ganze Zeit telefonisch. Alle drei waren wir zu stolz, um über diese Geschichte noch einmal zu reden. Und für mich änderte sich nichts, außer daß ich täglich nach meiner Arbeit zu Hans nach Mödling fuhr. Jeden Tag aß ich bei meiner Omi, besuchte sie nach der Arbeit und brachte sogar am Wochenende meine Wäsche zu ihr. Richtig abgenabelt habe ich mich nie. Erste Versuche im Kochen und Waschen gingen voll daneben. Nachdem ich einen Topf anbrannte und einer meiner Lieblingspullis nach dem Waschen kleiner wurde, schwor ich mir, Hausarbeiten sind nichts für mich.

Nach einigen Monaten pendelte sich alles wieder ein, und ich schämte mich für meine Mini-Rebellion. Als Omi mir ein Friedensangebot unterbreitete, ging ich bereitwillig darauf ein. Sie schlug vor, daß wir uns gemeinsam auf die Spuren ihrer Vorfahren begeben. Wir planten also einen Wochenendtrip nach Prag, wir drei Frauen, allein unterwegs. Meine Mama kam mit dem PKW, und Omi und ich nahmen den Zug. An der Grenze gab es das erste Problem. Wie immer, wenn ich auf Reisen gehe, hatte ich bei den Vorbereitungen geschlafen. Ich hatte weder Geld gewechselt noch ein Visum besorgt. An der Grenze mußte ich es also darauf ankommen lassen. Ich hatte wieder einmal Glück, denn der Zöllner erkannte mich. Um deutsch zu lernen, schaute er regelmäßig ORF, inclusive meine damalige Jugendsendung X-Large. Er drückte ein Auge zu, sonst hätte ich umkehren müssen. Ich war froh, daß ich ein bißchen berühmt war. Wer hätte damals gedacht, daß ich in Deutschland mit einer Talkshow richtig Karriere machen würde.

Im April 1999 traf ich auf der Wiener Romy-Gala Barbara Stöckl und Peter Rapp, mit denen ich ganz spezielle Erinnerungen teilte. Peter Rapp (österreichischer Moderator vom »Millionenrad«, einer Erfolgssendung im ORF) war zum Beispiel in meiner ORF-Anfangszeit mein Coach. Er brachte mir bei, wie man was am besten in die Kamera sagt. Als er mich sah, meinte er nur: »Wer hätte gedacht, daß du mal so ein großer Star in Deutschland wirst.« Er hatte recht, schließlich hatte ich selbst nie damit gerechnet. Mit Barbara Stöckl tauschte ich ebenfalls alte Erinnerungen aus. Sie war schuld, daß ich überhaupt beim TV landete, denn sie saß damals in der Aufnahmekommission bei meinem Casting fürs ORF und sagte: »Laßt es uns mal mit ihr probieren!« Während des Galaempfangs lachten wir über unsere ersten grauen Haare, die uns wahrscheinlich der Job im TV-Geschäft beschert hatte. Ich habe schon einige entdeckt.

Während dieser Zugfahrt nach Prag dachte meine Omi jedenfalls auch nicht im entferntesten daran, daß aus mir mal ein prominenter *Homo moderatio* wird. Am Prager Hauptbahnhof erwartete uns schon meine Mutter, die von Berlin mit ihrer Citroën-Luxuslimousine hergefahren war. Ihr Kofferraum war voll mit Strumpfhosen und Schokolade in allen Variationen. Das waren unsere Ersatzahlungsmittel für den Fall, daß wir außer Geld noch weitere überzeugende Argumente brauchten. In einem Kaffeehaus sprach uns gleich eine Frau an, ob wir Gästezimmer brauchten. Meine Mama handelte einen akzeptablen Preis aus, und so schliefen wir drei Nächte in einer für die Tschechei typischen Dreizimmerwohnung. Die Dame des Hauses überließ uns drei Frauen ihr Schlafgemach und schlief auf einer Art Couch im Wohnzimmer. Es wirkte alles sehr altmodisch und schlicht.

So stelle ich mir die Zeit kurz nach dem Krieg vor. Für Fleisch brauchte man Lebensmittelmarken, und Süßigkeiten und Zigaretten waren Mangelware. Ob ich hier meine geliebte Sachertorte bekommen würde, war mehr als fraglich. Solche Gedanken macht man sich eben nur, wenn man in solch arme Länder fährt. Wenigstens kommt man so ins Grübeln darüber, ob es nicht größere Probleme gibt als die banalen Sorgen unserer zivilisierten Welt. Und es gibt Tragischeres. Deshalb war es mir ganz wichtig, ein Kind aus der Dritten Welt zu unterstützen. Ende 1997 übernahm ich die Patenschaft über einen achtjährigen Jungen aus Ghana. Gabriel ist sein Name. Das Ganze wurde organisiert vom Verein PLAN INTER-

NATIONAL e. V., der weltweit tätig ist und für Prominente und Menschen, die helfen wollen, Patenschaften organisiert. Zum einen habe ich Briefkontakt mit Gabriel, und zum anderen zahle ich einen monatlichen Beitrag, mit dem sein Lebensunterhalt und seine Schulausbildung finanziert werden. Was ich vorher noch nicht wußte: Gabriel wird auch von seiner Großmutter großgezogen, weil seine Eltern ständig unterwegs sind, um ein bißchen Geld zu verdienen. Nur in den Ferien sieht er sie, genau wie ich. Aber zurück nach Prag. Wir wunderten uns dort besonders über die Speisekarte. Hinter jedem Gericht standen Zahlen, wie 100, 150 oder sogar 200. Wir konnten mit den Zahlen nichts anfangen, dachten uns, daß man eben wie beim Chinesen um die Ecke per Nummer ordern mußte. Und da keiner von uns mehr der Landessprache mächtig war, tippten wir mit einem Finger auf ein Gericht. Wir hatten keine Ahnung, was wir bestellten, doch die Portionen waren so klein, daß ich oft noch eine zweite oder dritte Portion aß. Nach dem zweiten Tag wußten wir endlich, was das mit den Zahlen auf sich hatte. Das waren Grammangaben. Wenn man eine Ente bestellte, bekam man eben 150 Gramm Entenfleisch. Ende dieser Geschichte: Vor lauter Hunger stürzten wir uns selbst auf die Schokolade, die meine Mutter im Kofferraum ihres Wagens transportierte. Für meine Omi waren es mit die wichtigsten drei Tage ihres Lebens, schließlich ging sie an die Orte ihrer Kindheit zurück. Und auf unserer Zugfahrt zurück erzählte sie mir einige Geschichten aus der damaligen Zeit.

Ick merkte dabei, wie gern ich eigentlich zuhöre. Und ich stellte eine Frage nach der anderen. Meine Omi meinte nur: »Du wißbegieriges Kind.« Das ist eine Eigenschaft, die gar nicht so schlecht ist, will man irgendwann einmal eine Talkshow moderieren! Die einzige Hürde, die dem im Wege stand, war meine Schüchternheit. Meine Mutter mußte mich immer zwingen, auf andere zuzugehen.

So lernte ich mit ihr auch »gezwungenermaßen« die goldene Stimme von Prag kennen: Karel Gott. Er saß verlassen und allein in einem Café am Ku' damm, ich besuchte meine Mutter übers Wochenende in Berlin, und die Geschichte fing an mit: »Kennst du den?« Das fragte meine Mutter und zeigte auf einen Mann ein paar Tische weiter. Ich wußte nicht, wer das war. Ohne Zögern erhob sich meine Mutter, ging zu Karel Gott und verwickelte ihn in ein Gespräch. Es wurde peinlich, als sie erwähnte, ihre Tochter wäre Moderatorin beim ORF in Wien. Er sah mich an, kam auf mich zu und sagte: »Sehr angenehm.« Dabei schaute er mir mit einem stechenden Blick in die Augen und machte meiner Mutter folgendes Kompliment: »Sie haben aber eine bezaubernde Tochter!« Er lächelte mich an und lud uns zu seinem Konzert vierundzwanzig Stunden später ein. Meine Mutter sagte sofort zu. Ich wußte nicht, ob die Idee, uns dieses Konzert anzusehen, wirklich so gut war. Als er weg war, meinte meine Mutter dann auch: »Wir müssen ja nicht unbedingt hingehen!«

Die Neugier trieb uns dann doch zum Bühneneingang der Berliner Philharmonie in der Herbert-von-Karajan-Straße, Stadtteil Schöneberg. Außerdem, ein Lied von Karel Gott mochte ich ja schon sehr gerne, nämlich das aus der Zeichentrickserie »Biene Maja«. Der Portier glaubte uns nicht so recht, als wir ihm die Geschichte mit den von Karel Gott für uns zurückgelegten Karten erzählten. Er rief dann aber doch in der Garderobe an, und nach fünf Minuten stieg ein stattlicher Mann die Theaterwendeltreppe hinab. Hunderte von Fans riefen: »Karel, Karel, Karel.« Der kam dann höchstpersönlich direkt auf mich zu mit den Worten: »Diese Lippen muß man küssen!« Und er küßte mich, und ich schaute blöd aus der Wäsche.

Bis kurz nach dem Konzert brachte ich kein Wort mehr heraus, so überrascht war ich. Und jedesmal wenn es mich nach Berlin verschlägt, denke ich an die goldene Stimme aus Prag.

Wer hätte damals gedacht, daß Berlin ein Jahr später wieder die Hauptstadt eines vereinten Deutschlands sein würde. November 1989 erlebte ich die Maueröffnung live. Per Zufall war ich wieder bei meiner Mutter zu Besuch, denn in Berlin fühlte ich mich pudelwohl. Lag wahrscheinlich an der Berliner Schnauze. Wir sahen den Mauerfall im TV und trauten unseren Augen nicht. Doch es war wahr, denn von der Terrasse der Wohnung meiner Mutter kann man direkt auf den Ku' damm schauen. Innerhalb von Minuten füllten sich die Straßen. So stellte ich mir eine Invasion von Außerirdischen vor. Tausende von jubelnden, heulenden, kreischenden, vor Freude taumelnden Menschen. Ein Bild für die Götter. Ob Karel Gott es auch so empfunden hat? Mal schauen, ob sich unsere Wege wieder kreuzen. Es gibt ja ein Sprichwort, welches besagt: »Man läuft sich im Leben mindestens zweimal über den Weg.« Daran glaube ich, und vor allem Menschen, mit denen ich gute Erinnerungen verbinde, möchte ich gern wiedersehen.

Als wir meiner Omi von unserer Begegnung mit Karel Gott berichteten, sagte sie nur: »Typisch Kiesbauer – einfach unberechenbar.« Und das aus ihrem Munde. Von uns dreien bin ich wirklich die Harmloseste!

Das hat sich auch 1994 gezeigt, damals, als mir die Geschichte mit der abgerissenen Achillessehne passiert ist. Spontan lud ich meine beiden Lieblinge auf einen Urlaub ein. Aber wir wußten nicht, wohin. Es durfte nicht so weit sein, schließlich hatte ich nur eine Woche Zeit. Es mußte nah am Meer sein, denn ich mußte täglich Gymnastik machen, und das läßt sich im Wasser besonders gut bewerkstelligen. So entschieden wir uns für Gran Canaria, wo Mutti und Omi mit mir mal als Kind hingefahren waren. Weder sie noch ich hatten irgendeine Erinnerung daran. Ich nahm die Buchung in die Hand, sprich, ich ließ alles von einem Freund mit Reisebüro organisieren.

In Las Palmas stiegen wir am Flughafen in einen typischen Touristen-Charterbus, der Neuankömmlinge zu ihren Hotels brachte. Schon auf der Fahrt verschlechterte sich unsere Laune. Diese in Jahrmillionen durch Vulkanausbrüche und Wind entstandene Insel wurde durch riesige Hotelkästen verschandelt. Hoffentlich sieht unser Hotel nicht auch so aus, dachten wir alle drei. Doch die Hotels wurden von Haltestelle zu Haltestelle schrecklicher. Wir ahnten nichts Gutes. Zu unserer Überraschung hielten wir dann bei einer netten Bungalowanlage an. Nach Fertignudeln mit Ketchup gingen wir ins Bett, und die Probleme fingen an: Keine Heizung und keine Decken – und es war bitterkalt. Meine Mutter schüttelte energisch den Kopf. »Morgen ziehen wir auf der Stelle um!« sagte sie.

Nach dem Frühstück in einem Plastikzelt an unbequemen Plastiktischen, auf unbequemen Plastikstühlen und unappetitlichem Plastikessen rief ich sofort im Wiener Reisebüro an und sagte, daß wir umziehen wollten. Ein vor Ort ansässiger Mitarbeiter vom Reisebüro holte uns mit seinem Privatauto ab. Die Fahrt war angenehm, und der Anblick wild zerklüfteten Berglandes hinterläßt unvergeßliche Eindrücke, doch ein angenehmer Schlafplatz ist uns Kiesbauers in solchen Situationen wichtiger. Ein Hotel nach dem anderen war fürchterlich. Wir trieben unseren Fahrer in den Wahnsinn. Schlußendlich entschieden wir uns für eine 2. Bungalowanlage, die ganz nett aussah.

Aber ohne Probleme kamen wir auch dort nicht über die Zeit. Jeder Bungalow hatte einen eigenen Pool, doch gerade bei unserem fiel die Wasserheizung aus. Und das, wo ich doch möglichst viel Wassergymnastik machen wollte. Wir zogen um. Ein zweites Problem war, daß um acht Uhr morgens irgendwelche Arbeiter mit dem Preßlufthammer zu arbeiten anfingen. Kerzengerade standen wir drei im Bett. Wir gingen zur Rezeption, doch da entgegnete man uns nur: »Diese Arbeiten müssen eben gemacht werden!« Das verstanden wir drei auch, aber doch bitte nicht in unserer Urlaubszeit! Wir starteten eine Art Bürgerinitiative gegen »Preßlufthämmer am Morgen«. Wir bereiteten ein Unterschriftenpapier vor und strömten in drei Richtungen aus. Doch keiner machte mit, und jeder zweite meinte genau wie die Dame hinter der Rezeption: »Die Arbeiten müssen halt gemacht werden!« Wir gaben resigniert auf und zogen wieder um, in einen Bungalow fünfhundert Meter weiter weg vom Preßlufthammerlärm.

Das Sahnehäubchen dieses Horrorurlaubs war eine Begegnung, die meine Großmama machte. Ein Typ von den Timesharing-Fängern (die Kerle, die Anteile von dubiosen Hotelanlagen vermitteln, die Urlauber oft kaufen) schlug sie fast zusammen, weil sie ihn sofort abwimmelte. Er wurde frech und handgreiflich, bis ein anderer Gast dazwischenging. Zu dritt beschlossen wir, daß es das letzte Mal gewesen war, daß wir auf dieser Insel Urlaub gebucht hatten.

Im Urlaub hatten wir Kiesbauers oft unangenehme Erlebnisse. Wir scheinen Schwierigkeiten geradezu anzuziehen. Für meine Mutter gibt es in solchen Situationen nur eine Lösung. »Hier bleib ich nicht!« erklärt sie, und wir packen unsere Sachen. Einmal war es das Hotel, ein anderes Mal war es der Ferienort, gegen den sie etwas einzuwenden hatte. Omi gab ihr meist recht, und ich sah mir dieses Schauspiel immer aus zwei Metern Entfernung an. Dabei habe ich eine ganze Menge gelernt. Zum Beispiel nehmen Hoteliers drei alleinreisende Frauen nicht so ernst. Oft gaben sie uns das Katzenzimmer oder den Katzentisch, weil sie dachten, Frauen lassen sich das leichter gefallen. Doch was man gebucht und bezahlt hat, will man dann logischerweise auch haben – so einfach ist das.

Wahrscheinlich stehen wir in manchen Hotels am sogenannten »schwarzen Brett«: »Mit Kiesbauers gibt es nur Streß!« Ich bin eigentlich ein friedvoller Mensch, aber wenn man mich oder Freunde von mir über den Tisch ziehen will, werde ich zur Löwin. Diese Forschheit hat mir meine Mutter immer wieder vorgelebt.

Ein anderes Beispiel dafür bietet ein Urlaub in Tunesien. Wir hatten zwei Zimmer mit Verbindungstür gebucht und bezahlt und bekamen nur ein Zimmer mit zusätzlichem Klappbett. Also gingen wir jeden Tag zur Rezeption, beschwerten uns, und die Antwort lautete: »Wir haben im Moment kein anderes Zimmer frei!«

Eine Woche lang schaute sich meine Mutter das Ganze an. Dann nahm sie das Klappbett, schleppte es zum Fahrstuhl, und meine Omi sagte nur: »Geh ihr hinterher, damit kein Unheil geschieht!« Meine Mama fuhr die dreizehn Etagen mit diesem Bett hinunter zur Rezeption und machte einen Aufstand. Und wenn ich sage Aufstand, dann meine ich es auch so. Sie schrie und tobte in der Hotelhalle wie ein Rumpelstilzchen. Daß sie Jahre später einen Gehirnschlag erlitt, könnte leicht auf diesen Vorfall zurückzuführen sein. Noch am gleichen Tag bekamen wir unsere beiden Zimmer mit Verbindungstür. Na bitte, es ging doch.

Wo es geht, erkämpfen wir uns jedenfalls unser Recht. Und wir passen untereinander auch auf uns auf. Zum Beispiel lud man uns im Oktober 1996 zu der Alfred-Biolek-Sendung ein: »Großmütter wissen mehr« (Ausstrahlung: 19. 11. 1996). Meine Omi war – typisch Kiesbauer – die totale Alleinunterhalterin und eigentlich die Idealbesetzung für Bio. Wir freuten uns tierisch darauf und sagten deshalb sofort zu.

Eine Woche vor Aufzeichnung der Sendung verschlug es Omi plötzlich die Sprache. »Da bring ich kein Wort mehr raus«, lautete plötzlich ihr Standardspruch. Sie war völlig verunsichert und hatte panische Angst. Ich wollte meine Oma beruhigen und setzte mich sofort mit meiner Mutter in Verbindung. Sie meinte: »Nächstes Wochenende üben wir mit Omi Talkshow. Ich komme extra dafür nach Wien.« Mir fiel ein Stein vom Herzen. Am Wochenende spielte ich dann Alfred Biolek, und Mama übernahm die Funktion eines Regisseurs. Sie erklärte meiner Großmutter, wie man sich vor der Kamera gibt und wie man überzeugend auf Fragen antwortet. Damit war meine Omi erst recht überfordert. Sie saß starr da und stammelte nur dummes Zeug. Sie tat uns furchtbar leid! Am liebsten hätte ich Alfred Biolek abgesagt. Aber ohne triftigen Grund macht man so etwas nicht. Jedenfalls nicht unter Kollegen.

Bei meiner Talkshow kommt es schon mal vor, daß Gäste vor lauter Angst nicht in den Flieger steigen. Und das am Tag der Aufzeichnung! Katastrophal! Oft müssen wir dann die ganze Sendung kurz zuvor umstrukturieren. Da wir aber im Schnitt zehn Gäste haben, lassen sich Ausfälle besser verkraften. Alfred Biolek hat vier Gäste. Da fällt es richtig auf, wenn einer fehlt.

Also flog ich trotz mulmigem Gefühl mit Großmama nach Köln, wo die Sendung »Bei Bio« aufgezeichnet wird. Wir wurden geschminkt, verkabelt und hatten ein kurzes Vorgespräch mit dem Redakteur der Sendung. Und dieses Gespräch löste bei meiner Omi noch größere Ängste aus. Ständig sagte sie: »Was soll ich überhaupt erzählen?« Mein Puls erhöhte sich, Schweiß stand mir auf der Stirn, und ich dachte: »Was mache ich nur auf die schnelle, damit wir uns nicht blamieren!« Ein Trick, den ich immer gegen mein Lampenfieber einsetze, half. Ich nahm die Hände meiner Großmutter und sagte: »Schließe deine Augen. Konzentriere dich auf die Sendung. Du wirst das ganz leicht schaffen.« So etwas mache ich auch vor meinen Sendungen, und es hilft mir immer, die Aufgeregtheit zu nehmen. Es ist kinderleicht. Ich konzentriere mich auf die Situation, denke intensiv daran, und dann spüre ich bald Souveränität und Kompetenz. Und bei Omi wirkte es auch. Sie zog die Hände weg, straffte sich und sagte: »Geht's jetzt los? Ich schaffe das schon!«

Und wie sie es schaffte! Omi war großartig, charmant, witzig, impulsiv und sehr eloquent. Wie ein Profi erzählte sie die schönsten Geschichten aus unserem Leben. Ich kam neben ihr kaum zu Wort. Das störte mich aber nicht weiter. Ich war wahnsinnig stolz auf sie. Die Sendung wurde ein voller Erfolg, und später beim Essen im Restaurant »Wartesaal« (Nähe Kölner Hauptbahnhof) machte Alfred Biolek meiner Großmutter für ihre Couragiertheit ein großes Kompliment. In dieses Lokal (das Biolek mitbesitzt) lädt der Kölner Talkmaster alle seine Gäste nach den Aufzeichnungen schon seit Jahren ein.

Wieder mal hatte meine Omi bewiesen, daß sie eine sehr starke Frau war. Deshalb wollte ich es auch nicht wahrhaben, als sie im April 1998 von uns ging. Ich brauchte ein paar Monate, um ihren Tod zu akzeptieren. Ich vermisse sie sehr. Sie war das wichtigste Mitglied unseres Kiesbauer-Syndikats.

Die Abwesenheit eines Vaters

Vor mehreren Jahrzehnten führte ich mit manchen Schulkollegen komischerweise immer montags kurz vor der ersten Unterrichtsstunde folgendes Gespräch. Ich fragte: »Was habt ihr am Wochenende gemacht?« Antwort: »Wir waren mit unserem Vater bergsteigen.« Ich: »Bergsteigen, wie schrecklich!« Die anderen: »Hast recht, ist ziemlich blöd. Aber wir müssen halt machen, was Papa sagt!« Ich: »Ich bin froh, daß mein Vater nicht bei uns lebt!« Die anderen: »Du hast es echt gut!«

So hatte ich nie das Gefühl, daß mir ein Mann im Haus fehlt. Mein Vater lebte im amerikanischen Ohio, und ich lebte in Wien. Ab und zu schickte er eine Art Lebenszeichen, ein Päckchen mit Geschenken. Zwar freute ich mich besonders als Kind über Geschenke, doch was er manchmal schickte, war einfach zu amerikanisch. Mit Baseball-Klamotten zum Beispiel konnte ich nichts anfangen. Grellrotes Nylon und Polyester. Rot hasse ich sowieso wie die Pest. Noch heute hängt bei mir kaum etwas Rotes im Schrank, denn mich macht diese Farbe aggressiv. Das ist auch wissenschaftlich bewiesen. Nach dem Farbspychologen Heinrich Frieling steht diese Farbe zwar für Vitalität, die sich jedoch auch in Wut entladen kann. Das Nervensystem reagiert auf rotes Licht mit einer Adrenalin-Ausschüttung und erhöhtem Blutdruck sowie ansteigender Atemfrequenz. Und bei mir als Kiesbauer-Syndikats-Mitglied ist so etwas eher gefährlich.

Wie auch immer, die Geschenkpakete meiner Mutter aus Berlin waren mir lieber. Die Sachen, vor allem die Klamotten waren supercool. Freundinnen und Schulkollegen bewunderten mich, denn damals lag Österreich noch Lichtjahre weit hinterm Mond, was trendige Mode angeht. Inzwischen hat sich da viel getan.

Gesehen habe ich meinen Vater nie. Manchmal haben wir miteinander telefoniert oder uns ein Fax oder einen Brief geschickt. Wir kannten uns kaum, und so hielt sich meine Sehnsucht nach meinem Vater in Grenzen. Mein Interesse, zu erfahren, wie und wer er eigentlich war, setzte erst später ein.

Am 19. 12. 1996 bestand ich so auch auf der Sendung unter dem Motto »Ich kenne meinen Vater nicht!« Ich wollte unbedingt von anderen Jugendlichen wissen, wie sie damit umgehen, keinen Vater zu haben. Noch heute bekommt meine Redaktion haufenweise Post, Hilferufe von Jugendlichen, die gerne ihren Vater oder ihre Mutter kennenlernen möchten.Und oft können wir ihnen helfen. Die Recherchen sind sehr kompliziert. Oft wissen Nachbarn und weitläufige Bekannte, wo die vermißten Personen sich aufhalten. Wenn das nicht hilft, schreiben wir das Einwohnermeldeamt in der jeweiligen Gemeinde an. Meistens öffnen sich uns die Türen, weil das Fernsehen ein Medium mit ganz schön Power ist. So kamen wir 1998 auch an Adoptionsunterlagen ran, die Privatpersonen generell verschlossen sind.

Der 23jährige Schweizer Manuel wurde direkt nach seiner Geburt zur Adoption freigegeben. So kannte er seine leibliche Familie nicht. Seine Verlobte wendete sich an uns, um ihrem Freund seinen Herzenswunsch zu erfüllen: einmal seine leibliche Familie zu treffen. Sie selbst hatte bereits nachgeforscht, war jedoch gescheitert. Am 12. 11. 1998 überraschten wir Manuel, indem wir ihm seine Mutter und seine Halbgeschwister in der Sendung präsentierten, die unter dem Thema lief »Wo bist du? Ich will dich wiedersehen«. Die Tränen flossen vor Freude. Bei so etwas kann ich mich auch nur schwer zurückhalten und heule gleich mit. Es passiert leider auch, daß Leute, die wir ausfindig gemacht haben, nicht zu uns kommen wollen. Das müssen wir akzeptieren.

Bei mir ist der Fall ja nicht so kompliziert. Ich weiß, wo mein Vater lebt und arbeitet, und habe immer noch zumindest sporadisch Brief- beziehungsweise Mailboxkontakt. Bei sechzig Prozent meiner Talkgäste ist es leider so, daß ein Elternteil den Kontakt zum anderen rigoros abbricht. Die Gründe sind die unterschiedlichsten und für Außenstehende teilweise überhaupt nicht nachvollziehbar. Es ist nur besonders typisch, wenn ein Kind unter einer solchen Entscheidung leidet.

Mein Vater ist schon lange wieder in Amerika liiert, besser gesagt verheiratet. Und er hat mir auch zwei Halbgeschwister beschert, einen Bruder und eine Schwester, die ungefähr halb so alt sind wie ich. Ich kenne sie aber lediglich von Bildern, die irgendwann in der Post auftauchten. Ihre Fotos habe ich natürlich ganz genau unter die Lupe genommen und nach Ähnlichkeiten gesucht. Wie die beiden sehe auch ich meinem Vater sehr ähnlich.

Die negroiden Gesichtszüge und das fröhliche Blinzeln um die Augen (vor allem, wenn ich lache) habe ich von ihm geerbt. Den Eierkopf dazu. Bei meinen Halbgeschwistern ist der nun noch stärker ausgeprägt. Über Jahre hinweg haben mein Vater und ich es nicht geschafft, uns mal zu sehen. Zwar war ich öfter mal auf seinem Kontinent, und auch er hatte viel auf meinem Kontinent zu tun, aber das Schicksal wollte kein Treffen zwischen Vater und Tochter. Sogar mein Fan-Club drängte mich, endlich mal den geheimnisvollen Unbekannten sehen zu können. Ich kann verstehen, daß sich meine Fans auch für meine »roots«, meine Wurzeln, interessieren und deswegen alles über mich wissen wollen. – Manchmal frage ich mich, ob sie nicht mehr über mein Leben wissen als ich selbst, so eifrig, wie sie alle Informationen und Artikel über mich sammeln. Gegründet hat den Club der mittlerweile 18jährige Sascha K. aus Hameln. Durch den ProSieben-Club lernte er andere Fans kennen. Er entwarf ein Club-Heft mit einer Auflage von 150 Stück (alles Farbkopien), und so entstand mein Fan-Club. Manchmal kam es vor, daß Journalisten eher beim Fan-Club-Personal als bei ProSieben anriefen, weil die alles aus dem Stegreif wußten – wie es Journalisten am liebsten mögen.

Aber, back to the roots. In meiner Wohnung habe ich einige erlesene Erinnerungsstücke aus Ghana, dem Heimatland meines Vaters. Fruchtbarkeitsgöttinnen aus afrikanischem Holz, Regentrommeln, Häuptlingsgewänder und Kopfschmuck sogar vom Stamm meines Vaters, den Ashantis.

Vor Jahren kam mir mal der Gedanke, daß es vielleicht an der neuen Frau meines Vaters liegt, daß wir das mit dem Treffen nicht hinkriegen. Oft wollen ja die Ehefrauen nicht, daß ein Mann Kontakt zu einer seiner früheren Beziehungen hegt und pflegt. Schon gar nicht, wenn ein Kind der Beweis für eine damals heiße Liebe ist. Manchmal habe ich das Gefühl, daß ich mit Frauen nicht zurechtkomme. Ob es an der Chemie oder an mir persönlich liegt, ist mir bis heute ein Rätsel. Zum Beispiel fällt mir da ein Treffen mit Gina Lollobrigida ein.

Ich weiß immer noch nicht richtig, wie ich das einordnen soll. Im Februar 1999 waren wir gemeinsam Gäste für eine Benefiz-Gala zugunsten genetisch kranker Menschen. Und als ich den Filmstar sah, war ich fasziniert. Ich liebte Lollos Filme aus den 50er und 60er Jahren. Eigentlich war ich ein Fan, freute mich immer, wenn ich in Fernseh-Programmzeitschriften ihren Namen las. Noch nie in meinem Leben hatte ich Gina Lollobrigida live gesehen. Ich bewunderte ihre Ausstrahlung, ihre Weiblichkeit und ihren Erfolg. Sogar meine eigene Mutter schwärmte für sie. Und das hat viel zu heißen, weil sie ja selbst Schauspielerin ist. Unsere Blicke trafen sich, und ich spürte, da liegt was in der Luft. Ich wußte aber noch nicht, was es war. Doch um die Diva kennenzulernen, steuerte ich über Alain Delon (»Der Casanova«, 1992), Pierre Richard (»Der große Blonde mit dem schwarzen Schuh« 1974) und dem Sänger Al Jarreau direkt auf sie zu. Die Männer lagen mir sprichwörtlich zu Füßen, wie es bei solchen Veranstaltungen nicht selten vorkommt. Ich hatte ein langes, hautenges silberfarbenes Dior-Kleid an, welches ich als Geschenk von ProSieben zu meiner 1000. Sendung bekommen hatte. Mit Hängen und Würgen konnte ich mich zu der Schauspielerin durchkämpfen.

Fast war ich bei ihr angelangt, da drehte sie mir schon ihren Rücken zu. Hatte ich etwas falsch gemacht? Ganz kurz war ich verunsichert und fühlte mich ausgebremst. Meine Devise vom Magengeschwür, welches man bekommt, wenn man den Dingen nicht auf den Grund geht, schoß mir durch den Kopf. Also stellte ich mich mit einem Schritt vor sie und versuchte, mit ihr ins Gespräch zu kommen. Sie war offensichtlich überrascht und hörte mir aufmerksam zu. Doch als die Fotografen uns ablichten wollten, drehte sie ihnen den Rücken zu. Es sah so aus, als ob sie kein Bild akzeptierte, auf dem ich mit ihr erschien. Vielleicht habe ich einfach nur überreagiert und das Ganze zu persönlich genommen, aber nach der Gala wiederholte sich eine ähnliche Situation. Die Fotografen teilen Prominenten immer ihre Bildwünsche mit, und witzigerweise wollten sie Gina Lollobrigida und mich als Motiv. Auf einmal funktionierte Ginas Translater-Earpiece nicht mehr, und sie klopfte mit der Hand ständig darauf, um zu zeigen, jetzt verstehe sie überhaupt nichts mehr.

Ich nahm das Ganze natürlich wieder sehr persönlich und dachte für einen Moment, als Mann wäre mir das wahrscheinlich nicht passiert. In solchen Situationen werfe ich noch kurzzeitig meine These über den Haufen, daß Frauen diplomatischere und tolerantere Menschen sind. Diesen Frust kompensiere ich dann immer beim nächsten Mann, sollte einer auftauchen. Bestes Beispiel Parklücke. Rasant fuhr ich in einen Parkplatz rein, einem Fahrer direkt auf seine Stoßstange. Er stieg aus, plusterte sich vor mir auf und legte los: »Meinen Sie, weil Sie Arabella Kiesbauer sind, können Sie mein Auto ramponie-

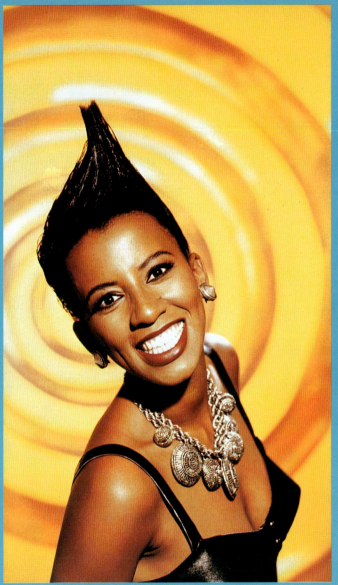

Kampf gegen die Wahnsinnslocken: Jede Frisur ist recht (aber nur vorübergehend).

Unser Dreimädelhaus – anno 1995.

1996 mit ProSieben-Sender-Chef Dr. Georg Kofler (auch »Kofi« genannt) – »Ihm habe ich alles Gute zu verdanken.«

Zu einer Österreicherin gehört ein gescheites Dirndl!

Begegnung mit Claudia Schiffer am 28. April 1995 im Münchener Park-Hilton.
Moderieren ist ein Sekundenjob. Arnold Schwarzenegger kam, kniff und siegte ... Planet-Hollywood-Eröffnung in München 1997.

Geheime Lagebesprechung: *homo moderatio* trifft *homo manager* Christian Seidel.

Ein ganz modernes Rollenspiel: Lilo Wanders mit mir auf der Reeperbahn ...

»Allef wird beffer« – mit dieser Motivation (sie hängt am Badezimmerspiegel) richte ich mich morgens immer auf, wenn ich mal down bin.

In sexy Begleitung in Hannover: Teresa Orlowski strampelte sich mit mir auf dem Tandem einen ab.

Kurzer Werkstatt-Zwischenstop für meine »City-Spezials« in Berlin. Martin Semmelrogge erklärte mir seine »Indian«.

ProSieben-Party 1995: der ehemalige Chefredakteur Jörg van Hooven mit zwei von seinen Moderatoren: Arabella Kiesbauer und Kerstin Graf.

ren?« Ich entgegnete ihm: »Stoßstangen sind zum Anrempeln da. Und Ihr altes Ding sieht ja noch nicht mal mehr wie ein Auto aus. Wenn sich einer hier aufregen sollte, dann bin ich das, denn mein Auto hat einen Wert!« Das war zwar Arabella Großkotz par excellence, aber es tat richtig gut, diesen Satz noch mit einem »Typisch Mann!« zu toppen. Jawohl! Was mich auch auf die Palme bringt ist, wenn mein Vater folgenden Spruch auf meinen Anrufbeantworter spricht: »Here is your father, call me right back . . .« Das sagt er immer in so einem herrischen Ton, da hab ich dann keine Lust, ihn zurückzurufen. Am liebsten würde ich Voodoo anwenden, damit er diese väterlichen Pseudoautoritäten seinläßt. Ich weiß, wovon ich spreche, denn im Sommer 1996 kam ich mit dieser geheimnisumwitterten Magie in Kontakt. Mit meinem damaligen Freund Hans machte ich eine Afrika-Tour: von Kenia mit dem Jeep ins Landesinnere. Wir hatten einen Einheimischen als Führer, der uns ein typisches afrikanisches Dorf im Landesinneren zeigen wollte. Zu unserem Unglück fing es an zu regnen. In Minutenschnelle sah man wegen der aufsteigenden Nebel – ausgelöst durch die extreme Hitze und Luftfeuchtigkeit – die eigene Hand nicht mehr vor Augen. Wir mußten für kurze Zeit Unterschlupf in einem nahegelegenen Dorf suchen.

In der Ferne hörte man das dumpfe Klopfen von Buschtrommeln. Meine eigene Phantasie spielte mir einen Streich. Sofort dachte ich an schaurige Tieropfer, Zombies und an tagelange Zeremonien mit Tanz und Musik, die in totaler Ekstase enden. In einem Reisemagazin hatte ich gelesen, daß die mittellosen und unterdrückten Schwarzen die Macht des Voodoo auch gegen ihre weißen Herren einsetzten. Deshalb gab es im letzten Jahrhundert schwere Strafen, wenn man einen Eingeborenen bei Voodoo-Tätigkeiten erwischte. Aber manchmal ließen Weiße selbst von Voodoo-Priestern und Priesterinnen Rituale in ihrem eigenen Interesse durchführen. Nach Insider-Informationen soll heute noch die gesamte Politik und Wirtschaft in der Karibik von Voodoo-Magie durchdrungen sein.

Jedenfalls machte eine Frau aus diesem Dorf mit mir ein Quangas, ein sogenanntes Puppenritual. Als ich merkte, was passierte, war ich schon mitten drin. Ich faßte eine kleine weiße Puppe an. Die Frau riß mir ein Haar heraus und wickelte es um den Hals der Puppe. Dann murmelte sie etwas in sich hinein, griff nach meiner Hand und lächelte. Unter Schock verließ ich ihre Hütte und lief schnurstracks zu Hans und unserem Reiseführer. Der beruhigte mich, nachdem ich ihm von meinem Erlebnis in der Hütte erzählt hatte, und meinte, die Sache wäre vollkommen harmlos gewesen.

Tage später fragte ich ihn, was diese weiße Puppe überhaupt bedeutete, und er erkärte mir die Voodoofarben. Für Gesundheit, gegen Krankheiten und Verletzungen verwendet man weiße Voodoo-Puppen. Um das Glück anzuziehen oder um materiellen Wohlstand zu erlangen, benutzt man grüne. Um Bedrohungen, Angriffe und Feinde abzuwehren, nimmt man schwarze. Und wenn es um Liebesangelegenheiten geht, greift man auf rote zurück. Faszinierend, wenn das alles so einfach wäre. Letztendlich glaube ich aber nicht an diesen Zauber. O je, ich glaube, ich bin schon wieder weit vom Thema abgekommen. So ist das halt bei Leuten, die gern erzählen. Also, es ging um meinen Vater. An meinem dreißigsten Geburtstag stand mein Vater bei mir vor verschlossener Tür. Um den ganzen Job-Trouble für eine Weile hinter mir zu lassen, flüchtete ich an meinem Geburtstag kurzerhand mit meinem Freund Fred nach Südfrankreich. Und wer taucht in München auf? Mein Daddy. Er rief mich auf Handy an, manchmal ist es ja ein Glück, daß es dies Dinger gibt. Diesmal trennten uns nur 850 Kilometer. Kurz nach dem Telefonat kam per Fleurop ein wunderschöner Strauß bei mir an. Danke Daddy! Es hat mir wirklich sehr leid getan, daß wir uns nicht getroffen haben. Ein dreißigster Geburtstag wäre doch auch ein würdiger Anlaß gewesen, daß Vater und Tochter sich nach Jahren wiedersehen! Hat nicht geklappt. Ehrlich schade. Aber ich gebe die Hoffnung nicht auf, daß wir uns irgendwann wenigstens einmal in diesem Leben begegnen.

Reif für den Pilotenschein

Ene, mene, muh und raus bist du. Raus bist du noch lange nicht...«. Zwei Jahre lang habe ich dieses Spiel insgesamt dreizehn mal gespielt. Eigentlich bin ich reif für einen Pilotenschein. Und: Dieses Spiel hat meinen Charakter verändert. Man wird ruhiger und sieht viele Dinge im Leben wesentlich objektiver. Viele Sachen geht man überlegter und dadurch auch selbstbewußter an.

Aber zuerst muß ich Ihnen vielleicht erklären, was ein Pilot überhaupt ist: eine Probesendung für ein neues Fernsehformat. Eine Art Testlauf für Moderatoren, Redaktion und Team, bei dem die Zuschauerakzeptanz getestet wird.

Die erste Station meines Reifeprozesses war die letzte Sendung von »Arabella Night« (24. 2. 1997). Wegen einem verkorksten Interview mit ZDF-Moderatorin Nina Ruge gab ich mir selbst den Gnadenstoß. Generell hatte ich mehr Bammel vor dieser Nachtsendung als vor der Nachmittagsshow, schließlich war sie live. Aber daß mal ein größeres Malheur passiert, hätte ich nie gedacht. Irgendwie versagte mein Groß- und mein Kleinhirn zugleich. In der Redaktionskonferenz, die meistens immer vier Tage vor der Sendung stattfand, erfuhr ich, daß Nina Ruge zum Thema Erotik als Talkgast kommt. Vor einer Sendung habe ich dann die Angewohnheit, mit Prominenten eine Art Small Talk zu führen. Auf das Talkthema gehe ich dabei bewußt nicht ein. Unter Profis ist so etwas eigentlich tabu. Das ist die Verantwortung des zuständigen Redakteurs, damit man in eine Sendung »frisch« und »ungezwungen« geht. Am 24. 2. 1997 gegen 23:05 Uhr fand nun zwischen zwei Moderatorinnen folgendes Gespräch statt:

Arabella Kiesbauer:
»Ich begrüße dich. Du bist eine Frau, die ihre Reize bewußt einsetzt. Wann war dies das letzte Mal?«

Nina Ruge:
»Mache ich überhaupt nicht. Ich bin sehr erstaunt, daß ich als diejenige, die bewußt mit Erotik spielt, hier eingeladen wurde. Aber das macht nichts. Ich glaube nicht, daß ich bewußt mit Ausstrahlung spiele, weil dann hat man keine Ausstrahlung mehr.«

Arabella Kiesbauer:
»Etwas, was so passiert? Was setzt man da gerne ein? Du hast jetzt ein bißchen die Augenbraue gehoben?«

Nina Ruge:
»Ich weiß nicht, wie es Ihnen geht, meine lieben Zuschauer. Authentisch zu sein ist das Wichtigste.

Arabella Kiesbauer:
»Wie ist das denn mit dem *Playboy*. Meine Redaktion und ich haben überlegt, welche deutsche Frau man gerne mal im *Playboy* bewundern würde. Unsere Wahl fiel auf dich.«

Nina Ruge:

›Ach, wie schön. Selbstverständlich mit 75, wenn ich eine Finanzspritze brauche.«

Darauf fiel mir nichts mehr ein als den nächsten Gast, Moderator Johannes B. Kerner, aufs rote Sofa zu holen. Das Interview mit Nina Ruge war ein Desaster und hiermit vorbei. Ich fühlte mich grottenschlecht, ich hatte Bauch- und Kopfschmerzen zugleich. Was war die Wurzel dieses Übels? Ich fahndete in meinem Innersten und kam zu dem Entschluß, so kompliziert wie die Sendung »Night«, war auch meine Moderation. Die Lösung lag auf der Hand: ein neuer Pilot.

Am 11. 7. 1997 war es dann soweit. In einem Studio bei ARRI (bekannt durch Spielfilmkameras) zeichneten wir zwei Piloten zu den verheißungsvollen Themen »Sex« und »Wut« auf. Es war Liebe auf den ersten Blick. Die Sendungen, die Gäste und die Moderation liefen wie am Schnürchen. Grob die Idee: 90 Minuten habe ich das gemacht, was mir am besten liegt. Mit meinen Gästen gequasselt, gequasselt und gequasselt. Die Sendung kam sowohl bei den Gästen als auch beim Publikum gut an. Es gab endlich nicht mehr diesen extremen Themenmix. Für mich war das Pilotenschein Nummer Eins. Obwohl im Vorfeld einiges schief lief.

In der »heißen« Probe passierte es, daß mitten im Studio ein Scheinwerfer explodierte. Alle erschreckten vom wahnsinnigen Knall, und in Sekunden rieselten heiße Lampensplitter herunter. Vorprogrammierte Hysterie. Vor allem weil der Aufnahmeleiter zu qualmen anfing. Die Lampensplitter brannten Löcher in seine behaarte Männerbrust. Ein Feuerwehrmann bewegte sich mit einer roten Flasche auf uns zu, es machte zisch, und alles war voll Schaum. Es dauerte Stunden, bis Studio, Gäste, Kameraleute und ich wieder hergestellt waren. Die Aufzeichnung der Show fing noch einmal von vorne an. Weitere Pannen: Vor lauter Aufregung drückte der Regisseur einen falschen Knopf, und mitten im Talk schallte es aus jedem Studiolautsprecher: »Bitte die MAZ vorbereiten!« Publikum und auch Gäste guckten mich verdutzt an. Es war wie verhext!

Aber sofort fiel mir die Sendung »Alles Banane« (1. 9. 1995) auf der IFA ein, da war alles genau umgekehrt. Die Proben waren »1a«, und bei der Aufzeichnung der Sendung ging's drunter und drüber. Schuld an diesem Desaster hatte ein Trampolin. Ich stand barfuß mit einem Kameramann darauf, und beim Startschuß hüpften wir gemeinsam los. Doch ich kam in einen anderen Springrhythmus. Beim Moderieren fuchtelte die Kamera in meiner Bauchgegend rum. Das war so komisch, daß ich sofort loslachte. Sehnlicher wie in diesen fünf Minuten auf der IFA wünschte ich mir noch nie einen Werbebreak.

Irgendwie ist es jedenfalls nie mehr etwas aus der »Night« geworden. Dabei hatte ich gerade bei diesen Piloten ein gutes Gefühl. Aber manchmal muß man eben loslassen und weiter kämpfen. Mein Abitur fällt mir dabei ein. In Kunst hatte ich ein ähnlich gutes Gefühl wie bei den »Night«-Piloten, letzendlich schrieb ich aber doch nur eine Vier.

Jetzt war meine Lieblingssportart »Durchbeißen« wieder angesagt. Schließlich schaffen auch Piloten ihren Flugschein nicht beim ersten Mal. So stürzte ich mich auf eine neue Sendung, die »Arabella City-Specials«, eine Art

Talk-Roadshow. Wir wollten in den unterschiedlichsten Städten mit Leuten von dort an aufregenden Plätzen Talks veranstalten. Die zweite Station meines Reifeprozesses in Sachen weiteres Format lehrte mich etwas ganz Besonderes: Es tauchte nämlich das Phänomen auf, daß mich die Leute fast ein Jahr nach Beendigung der Night-Ausstrahlungen für meine tollen, montäglichen »Night-Talkshows« beglückwünschten. Dabei gab es diese Sendung längst nicht mehr. Ähnlich wie bei der Frauenzeitschrift *Constanze*. Seit 15 Jahren gibt es dieses Blatt nicht mehr auf dem Markt. Bei Umfragen behaupten jedoch eifrige Leser, sie hätten erst letzte Woche in dieser Zeitschrift geblättert.

Meine neue Show »Arabella City-Special« verursachte gleich mal einen mittleren Bürgeraufstand im Norden der Republik. Ganz Hannover regte sich über mein Thema »Hannover: Sex makes the world go round« auf. Das Thema ist entstanden, weil in der Stadt eine berühmte Persönlichkeit residiert. Und an dem Slogan selbst ist ja was dran, oder? Als würden wir uns noch in der Zeit vor der sexuellen Revolution befinden, bekamen wir wegen dieses Themas Hausverbot und Talkverbot im Expo-Café, fehlte nur noch die Festnahme durch die Polizei. Dabei haben wir redaktionell nur eins und eins zusammengezählt: Zum einen wohnt Teresa Orlowski in Hannover (Steuern zahlt sie natürlich auch in der niedersächsischen Landeshauptstadt), und zum anderen schalteten die grünen Landtagskandidaten für eine Wahl zweideutige Anzeigen: »Flotter Dreier (Rebecca, 40, Enno, 40 Jahre und Silke, 44) sucht viele Gleichgesinnte für lustbetonte Politik!« Kein Wunder, daß Politikverdrossenheit grassiert! So witzig sie auch sein mögen – ich kann in solchen Slogans jedenfalls keine politische Aussage entdecken. Damit ich den Bezug der Hannoveraner zu unserem Talkthema besser verstehen konnte, ließ ich mir die Stadt von Teresa Orlowski zeigen. 30 Minuten lang radelte ich mit ihr durch die frivolen Ecken ihrer Wahlheimat. Manchmal wären wir fast umgekippt, weil sich ihr Pelzmantel immer wieder in den Fahrradspeichen verfing. Mit fünf weiteren Gästen talkten wir dann an meinem bekannten Talktresen im Aegi-Theater. Dort waren wir mit unserem provokanten Thema herzlich willkommen. Witzigerweise bescherte uns der vorangegangene Skandal das wohl größte Publikum, das ich jemals bei einer Aufzeichnung hatte. Über 800 Hannoveraner schauten von den überfüllten Tribünen des Theaters aus bei unserem Talk zu. Es war der erste (und bisher einzige) Talk, den wir auf einer Theaterbühne veranstaltet haben. Die grünen Politiker sagten uns für den Drehtag am 21. 2. 1998 aus terminlichen Gründen ab.

Auch bei den Berliner Schnauzen trafen wir mit unserem Thema »Berlin: Exzentrisch und exzessiv« direkt ins Schwarze. Mit der Verspätung meines Promi-Gastes am 9. 11. 1997 ging's schon los. Schon zweimal hatte mich der Wahlberliner Martin Semmelrogge in der Vergangenheit zeitlich nach hinten versetzt. Die Gründe: Nach seinen Aussagen »Alkohol und Polizeikontrollen«. Erst eine Stunde nach der ausgemachten Zeit tauchte er auf.

Ziemlich unpünktlich war auch der Schauspieler Jan-Josef Liefers bei meinem City-Special in Dresden (Thema: »Sächsisch ist sexy« vom 6. 12. 1997). Ich ärgerte mich schon tierisch über ihn, wurde aber schnell eines Besseren belehrt. Denn der Schauspieler führte mich gemeinsam mit meiner Redaktion hinters Licht. Treffpunkt unseres City-Talks: ein Pflasterstein mit Napoleon-Fußabdruck, in der Nähe der Semper-Oper. Alle trichterten mir ein, daß ein Verrückter als Napoleon verkleidet dort immer stehe und es Glück bringe, wenn man ihm über den Arm streicht. Damit aktivierten sie etwas in mir, denn auf Glücksbringer fahre ich tierisch ab. Zum Beispiel habe ich meine schwarze Tigerkralle, die mir mein Vater schenkte, immer bei mir. Auch meine selbst erstandenen Fruchtbarkeitsgöttinnen vom Stamm der Ashanti bekommt keiner mehr aus meiner Wohnung raus. Und wenn ich in Rom bin, muß ich immer zum »Fontana di Trevi«-Brunnen. Ich setze praktisch Himmel und Hölle in Bewegung, damit ich »Glücksmünzen« hineinwerfen kann. Deshalb wollte ich auch diesem Napoleon über den Arm streichen, damit er der City-Show und mir als Moderatorin Glück bringt. Und als ich mir meine Portion Glück holen wollte, drehte sich der falsche Napoleon blitzartig um. Ich erschreckte mich gehörig und sah in sein Gesicht. Denn es war Jan-Josef Liefers, auf den ich ja wegen seiner Unpünktlichkeit sauer war und den ich plötzlich richtig mochte. Ich steh drauf, wenn man mich überrascht. Wenn wir uns heute noch über den Weg laufen, grinst er mich genüßlich an. Und das passiert oft, schließlich wohnt er auch mitten in München. Die Welt ist eben klein.

In München talkte ich einmal zum Thema »Eitelkeiten« am 19. 10. 1997. Standesgemäß fuhr ich mit Rudolph Moshammer, Daisy (seinem Schoßhund) und mit Rolls-Royce herum. In der heimeligen Auto-Atmosphäre seiner

Luxuskarrosse entlockte ich ihm Geheimnisse wie seine thailändische Hochzeit mit Mares Schaeffer oder den Kauf eines Rittertitels – standesgemäß – von Consul Weyer.

Für die geheimsten Geheimnisse von Prominenten und Einwohner der Stadt war das Format wie geschaffen. Weil dies anscheinend gut ankam, wurden noch ein paar Piloten mehr bestellt. Sehr vorteilhaft für meinen Pilotenschein. So legten wir am 11. 11. 1997 in Hamburg zum Thema »Fischköppe – frech und erfolgreich« an. Es war der 11. 11., und um 11.00 Uhr traf ich Karl Dall. Er überschlug sich vor Witzen. Mein Hamburg-Eindruck: Um 11 Uhr 11 ist in Hamburg praktisch »tote Hose«.

Dafür ließ am 31. 1. 1998 zu meinem Kitzbüheler City-Special Jürgen Drews zum Thema »Skihaserl & Playboys« sinngemäß die Hosen runter. Für mich textete er »Ein Bett im Kornfeld« in »Ein Bett in Kitzbühel« um. So kommt man zu seiner passenden Musik für den schon lang erkämpften Pilotenschein.

Weitere Arabella-Fahndungsorte waren am 8. 12. 1997 Leipzig zum Thema »Erfolg: Haste was, biste was«. Tobias Künzel und Wolfgang Lenk – zwei von den PRINZEN – zeigten mir die Nikolaikirche, wo die berühmten Montags-Demos kurz vor der Maueröffnung 1989 gang und gäbe waren. In der von Pleitegeier Schneider wiedererbauten Mädlerpassage, ganz genau im Auerbachskeller tummelte sich einst Luzifer höchstpersönlich mit Goethe, um den Faust zu verfassen.

Manchmal wünsche ich mir, es gäbe Zeitmaschinen. Gern hätte ich mal in die Römerzeit oder ins 18. Jahrhundert reingeschnuppert. Aber dann hätte ich zum »Kölner

Arabella City-Special« (15. 2. 1998) weder das Künstler-Ehepaar HA Schult und Elke Koska noch meine damalige Senderkollegin Ulla Kock am Brink kennengelernt. Zum Thema »Sind Künstler Verrückte« hatte der Husky von Ulla folgende Antwort: Er pinkelte direkt ins Künstler-Atelier von HA Schult.

Ncah dem Motto »Lügen haben kurze Beine« deckte ich mit Moderatorin Jasmin Gerat am 17. 02. 1998 die Doppelmoral von Düsseldorf auf. Als Berlinerin lebt sie in Köln. In Düsseldorf geht sie gerne shoppen. Unser Thema »Alles was glänzt, ist Gold« führte uns von den Nobelboutiquen der Kö – vorbei an dem mit Müll vollbeladenen Stadtkanal – in die ungeliebten Schmuddelecken der Stadt.

Beim Stichwort »schmuddelig« fällt mir unser Pilot vom 19. 2. 1998 in Essen zum Thema »Es lebe das Spießertum« ein. Mein prominenter Gast, die Moderatorin Shirin Valentine, zeigte mir mit ihrer Harley Davidson-Motorradgang die Ruhrpottstadt, und während unserer Drehzeit bekam sie telefonisch per Handy die Kündigung ihres Haussenders VIVA lapidar durchgesagt. Das war nicht die feine englische Art, eben schmuddelig! Ich hoffe nur, man dreht mir in einer anderen Art und Weise den Hahn zu (wenn überhaupt, hoffentlich nie!).

Aber auch negative Erfahrungen gehören zum Pilotenschein. Die Serie von den »Arabella City-Specials« war im März 1987 fertiggestellt, und auch diesmal warteten wir auf die Diagnose seitens des Senders. Meine Gefühle waren diesmal gemischt, obwohl ich unerschütterlich an meine Moderationsfähigkeiten glaubte und der Produzent Christian Seidel und sein Team gewissenhaft an Themen und Gästen gearbeitet hatten. Außerdem hatten wir ja auch schon gutes Vorausfeedback bekommen. Ich blieb aber ruhig und wartete ab. Aber ein Marktforschungsinstitut attestierte uns die Bewertung »ungenügend«. Jetzt war ich an einem Punkt, wo sich bei mir selbst Zweifel breit machten. Zwar zerbrechen sich ständig kluge Leute in diesen Instituten ihre Köpfe, was meinen Marktwert und meine Akzeptanz bei den Zuschauern anbetrifft. Aber diesen Sendungen gaben sie nie eine Chance. Später sagte man mir, daß sie lediglich einen Zusammenschnitt beurteilt haben sollen . . .

Weil ich gar nichts mehr kapierte, entschied ich mich erst einmal, den Pilotenschein hinzuschmeißen, was absolut konträr zu meiner Lieblingssportart »Durchbeißen« war. Ich wünschte mir ein zusätzliches Format, aber wenn es nicht sein soll, dann soll es eben nicht sein. Manchmal ist eben der falsche Zeitpunkt. Und ich danke meinem Sender ProSieben für die viele Geduld mit mir und daß man mir so viele Chancen ermöglicht.

Ende der Geschichte war's aber noch nicht mit den Piloten. Mein alter Kampfgeist erwachte wieder, als die holländische Firma ENDEMOL – oft schon Garant für erfolgreiche TV-Formate – ProSieben ein Samstagvorabend-Format für mich anbot. Trotz unsicherem Bauchgefühl schlug ich noch einmal zu und zeichnete am 1. 12. 1998 diesen Piloten auf. Und ich war neugierig. Wer schlägt schon als Moderator den Samstagvorabend aus? Ich dachte kurz an »Wetten daß«, das dann nach mir laufen würde. Als ich am 4. 11. 1995 auf der Thomas-Gottschalk-Couch sitzen durfte, war das ein berauschendes Gefühl. Man sah Thomas sprichwörtlich an, wie wohl er sich fühlte. Klar, in seinem Fall stimmte alles: Konzept der Show, Auswahl der Gäste, Showacts, Moderation, nicht zu vergessen der Support vom Sender. Das wollte ich auch erleben. Doch was kam bei mir? Piloten-Pleite Nummer drei. So flüsterte mir meine Ground Control, meine eigenen Sinne nicht weiter zu überlasten. Plötzlich kam mir das Moderieren so schwer vor wie die Arbeit eines Chirurgen, Rechtsanwaltes oder Atomphysikers. Ich versuchte, meiner Erfahrung irgendeine positive Seite abzuringen. Nach einem Gesetz arbeiten alle: Das Richtige im rechten Moment zu tun. Somit verzichtete ich erst einmal auf einen erfolgreichen TV-Pilotenschein, nach dem Slogan: »Ene, mene, muh – und raus bin ich noch lange nicht . . .«

Reden ist Silber, Schweigen ist Gold

Was machen sieben deutsche Moderatoren auf einem Haufen?

Sie grinsen, rülpsen, kratzen sich und schauen aus Langeweile an die Studiodecke. Teilweise knurren die Bäuche. War ja auch okay. Wir durften alles machen, nur das Talken war tabu. Die Idee zu diesem Talk-Experiment kam im vergangenen Jahr dem Studenten Uli Wilkes von der Kölner Kunsthochschule für Medien. Sein Dozent Alfred Biolek freute sich auf die Diplomarbeit »No Talk«. Genau sieben Moderatoren waren dazu bereit: Günther Jauch, Alfred Biolek, Giovanni di Lorenzo, Roger Willemsen, Bärbel Schäfer, Jürgen Domian und ich. Eine halbe Stunde hielten wir Anfang November 1998 in einem Kölner WDR-Studio gemeinsam unseren Mund. Ausgestrahlt wurde die geschnittene Version sechs Monate später (8. 5. 1999) mitten in der Nacht um 1 Uhr 59. Was für eine unchristliche Zeit! Schade eigentlich, daß Kunst selbst beim WDR ins Nachtprogramm verbannt wird. Oder war unser »Talk High Noon« alles andere als Kunst? Eher eine Verlegenheitsidee für Pseudointellektuelle? Kurz vor der Sendung schirmte man uns extrem ab. Die Räumlichkeiten kannte ich noch von 1996, als ich mit meiner Omi zu Gast bei der Sendung »Bio« war.

Weil wir alle von Natur aus so gesprächsfreudig sind, fiel jedem einzelnen das Schweigen im Studio extrem schwer. Sieben Digitalkameras schauten uns schräg von der Seite an, denn sie waren direkt an den einzelnen Moderatorenstühlen montiert. Dabei hatte ich ein ungutes Gefühl, ständig und leicht von unten angeklotzt zu werden. Zusätzlich gab es noch drei große Studiokameras, bedient von Kameramännern. Das Schwierige bei dieser Sendung: Normalerweise bekommen die Kameraleute ihre Anweisungen über ein Headset-System vom Regisseur. Per Funk sind sie mit der Regie verbunden, und man erwartet von ihnen, daß Anweisungen erwidert werden. Jedenfalls kam es nach der Sendung zu einem heftigen Streit zwischen dem Technikchef und einem Kameramann. Der Grund: Es kam nach Aussagen der Regie nie ein »Okay« vom Kameramann. Schweigen heißt: die Technik ist defekt. Dadurch bringt man den Regisseur ganz schnell in Rage. So motzte er eben den Kameramann an, und der brüllte zurück: »Die Sendung heißt ›No Talk‹, das gilt wohl auch für Leute am Dreh.« Eigentlich hatte er recht, denn nur ein Pieps hätte unser Schweigen gestört. Mit dem Schweigen hatten wir sowieso unsere Probleme, denn dafür waren wir alle nicht geboren! Also ergriffen wir nach 30 Minuten die Flucht. Voll von Emotionen, Gedanken und Ideen. Kurzum beschlossen wir, das Versäumte nachzuholen und zwecks eines gemeinsamen Gedankenaustausches essen zu gehen.

Die Wahl fiel auf einen Mexikaner auf der rechten Rheinuferseite von Köln. Wir fuhren im Taxi-Convoy über die Deutzer Brücke. Was mir sofort auffiel: Die Weltkugel von HA Schult war wieder auf der Severinsbrücke. Denn als ich im Februar 1998 zu meinen City-Specials für das Thema »Sind Künstler Verrückte?« einflog, erzählte mir der Kunstfreak höchstpersönlich die Geschichte dieser Kugel. Im Dauermonolog! Oktober 1996 wurde das Kunstwerk per Helicopter auf den Brückenpylon geflogen. Es sollte dort nur für kurze Zeit stehen. Doch als die Kugel im Frühjahr 1997 von der Brücke verschwand, forderte ganz Köln: »Gebt uns die Kugel zurück!« So wurde sie technisch verbessert, sturmsicher verstärkt und im März wieder über dem Rhein verankert. Es gab dabei zwei Fehlversuche, denn der stürmische Märzwind setzte dem Piloten gehörig zu.

Und wenn man vom Teufel spricht, fährt man direkt über seine Küche. Denn HA Schult wohnt in der Deutzer Brücke, für etwa 250 000 Mark ließ er sich 200 Quadratmeter in einem Brückenpfeiler isolieren. Als ich das den anderen Moderatoren erzählte, nahmen sie mich erst einmal nicht ernst. Ich wühlte in meinem »Moderatoren-Gehirnarchiv« und schilderte ihnen meine Begegnung mit HA Schult und Elke Koska anno Februar 1998. So aktivierte ich auch bei den anderen Moderatoren die »Gehirnarchive«, und wir unterhielten uns während des mexikanischen Essens über interessante Talkthemen und Talkgäste. »No Talk« war auf einmal Vergangenheit. Das von allen zunächst an den Tag gelegte In-sich-gekehrtsein war in Sekundenschnelle verschwunden. Dabei fiel mir ganz besonders auf, daß ich über die Jahre ein Kurzzeitgedächtnis bekommen hatte. 3 Aufzeichnungstage und 2 Shows, das macht ungefähr 60 Gäste pro Woche.

Somit lernte ich in fünf Jahren Talkshow weit über 10 000 Menschen kennen, jeder einzelne mit seiner eigenen Geschichte. Aber mein Gehirn hat nicht mehr Aufnahmekapazität als andere Gehirne. So werfe ich pro Woche einmal den Informationsbalast ab. Ergebnis: Ich merke mir generell keine Namen. Dafür haften die Gesichter der Leute in meinem geistigen Fotoarchiv. Und wenn ein Gast ein zweites oder drittes Mal versucht, sich in die Sendung zu schmuggeln, erkenne ich es spätestens beim Fototest. Jeder Redakteur muß mir beim Sendungsbriefing ein aktuelles Foto vom jeweiligen Gast vorlegen.

So kam es schon öfter vor, daß Gäste einen Tag vor Sendung wieder ausgeladen wurden. Wir müssen da sehr streng sein. Auch die Redaktionen der anderen Moderatoren passen sehr gut auf, checken Namen und lassen Verträge unterschreiben. Für Talkshow-Macher wird es immer schwieriger. Aber auch für Moderatoren. Und weil ich nicht jeden Tag in einer siebenköpfigen *Homo moderatio*-Runde sitze, packte ich die Gelegenheit am Schopf und wollte wissen, was die anderen zum Ausgleich ihres stressigen Alltags tun. Bei Alfred Biolek lag es auf der Hand: Er liebt guten Wein und gutes Essen. Ganz klar, daß er in seiner Freizeit kocht, kocht und kocht. Sein Dozentendasein an der Kunsthochschule für Medien in Köln regte mich sogar an, selbst mit einer Universität Kontakt aufzunehmen.

So kann es sein, daß ich Ende 1999 bzw. im Jahre 2000 als Gastdozentin an der Rheinischen-Friedrich-Wilhelms-Universität zu Bonn für den neuen Studiengang Medienwissenschaften tätig sein werde. Seit einem Jahr wird sowieso im Studiengang »Neuere Deutsche Literatur« (Germanistik II) die Medienwelt der Talkshows und der Soaps beleuchtet. Bärbel Schäfer wollte von mir wissen, wie ich das Schweigen erlebte. Sie hatte Probleme mit dem auf Kommando »In-sich-gekehrt-sein«. Sofort berichtete ich ihr von meinen Klostererfahrungen. Denn Schweigen will gelernt sein.

In unserer Sendungs-Sommerpause 1995 checkte ich mich für eine Woche in ein französisches Kloster ein. Frankreich wählte ich, damit mir kein deutscher Journalist über den Weg läuft. Für Autogrammjäger habe ich ein größeres Verständnis, schließlich war ich selbst mal Michael-Jackson-Fan. Auf das Kloster kam ich durch den Tip eines Freundes. Ich hatte nur die Qual der Wahl: Exerzitienkurse, Glaubensseminare oder die »Stillen Tage«. Und ich hatte drei Intentionen: entspannen, zur Ruhe kommen und mir meiner Gefühle und Bedürfnisse bewußt zu werden. So wählte ich die »Stillen Tage«.

Es gab da jedoch noch ein paar Probleme: Problem Nummer eins: Ich überlegte mir, was zieht man in einem Kloster an? Letztendlich nahm ich zwei Outfits mit. Weiße T-Shirts, weiße Jeans und ein weißes Leinenkleid. Problem Nummer zwei: Was liest man nur an so einem heiligen Ort? War dort die Atmosphäre für Fallada, Tom Coraghessan Boyle oder Emile Zola? Nein. Schließlich faßte ich den Entschluß, keine persönlichen Habseligkeiten mitzunehmen. Ich ließ die Zivilisation weit hinter mir. Problem Nummer drei: Was mache ich, wenn mir in den einsamen Nächten die Decke auf den Kopf fällt? Mein damaliger Freund Hans lachte über mich. Wahrscheinlich schloß man auch in meiner Familie Wetten ab, wie lange ich das Klosterleben aushalten würde. Ich ging in mich und nahm mir vor: eine Woche stehe ich das durch. Und wenn ich mir etwas vornehme, kann ich Berge versetzen – gedanklich zumindest.

Wie in einem Hotel zeigte mir eine Nonne mein Zimmer. Es roch modrig, als sie mich durch ein Labyrinth von Gängen führte. Ich liebte diesen Geruch. Obwohl ich nicht wußte, ob es die alten teilweise mit Moos besetzten Gemäuer waren, die mich so faszinierten. Oder nur die Vorstellung, was hier wohl einst passiert war. Mein Zimmer war sehr spartanisch eingerichtet: ein kleiner Tisch mit einem kleinen Stuhl, eine Waschschüssel mit einem Krug in einem sehr abgenutzten Emaillewaschbecken. Ein einfaches Bett mit einem einfachen Holzkreuz an der Wand. Ich liebte und haßte das Zimmer zugleich. Denn meine Verwöhntheit stieß mit meiner Intention, in aller Bescheidenheit Ruhe zu finden, gewaltig gegeneinander. So verabschiedete ich mich erst einmal von der Nonne und setzte mich zum Nachdenken aufs Bett.

Natürlich gab es etliche Regeln im Kloster. Regel Nummer eins: Bettruhe ab 22 Uhr. Regel Nummer zwei: Keine lauten Gespräche. Regel Nummer drei: Sechs Uhr Aufstehen zum Morgengebet. Na, prost Lotte, dachte ich mir. Das kann ja heiter werden. In einem riesigen Kuppelsaal nahmen die Nonnen und »stillen Besucher« ihre Mahlzeiten ein. Das war Schweigen pur.

Erst nach zwei Tagen fühlte ich mich richtig wohl, natürlich im Hinterkopf immer den Gedanken: »In ein paar Tagen ist es mit dem Spuk vorbei.« Ab und zu spielte mir meine Phantasie einen Streich, und ich träumte, wie es jetzt wäre, wenn ich zum Beispiel vier Kugeln Eiscreme mit Schlagsahne hätte. Tausende von Gedanken gingen mir in dieser sprichwörtlich sprachlosen Zeit durch den Kopf.

Ich empfehle jedem, so einmal in sein Innerstes vorzustoßen. Solch ein Klosteraufenthalt ist auch nicht allzu teuer: ein Tagessatz bei Vollverpflegung (Reisekatalogsprache) kostet etwa 60 Mark. Wer kann dazu schon nein sagen. Man lernt fürs Leben. Und ich glaube, auch deutsche Klöster bieten solche Tage der bewußten Zurückgezogenheit an. Die Vorträge der Nonnen oder der Exerzitienleiter geben Anregungen zum Nachdenken, Meditieren und Beten. Man kann Schlaf nachholen oder in der Natur lange spazierengehen. Da sollte man sich auch von Meldungen, wie »Pater zahlte halbe Million Mark an Erpressertrio wegen sittlicher Verfehlungen« (AP 6. 5. 1999) nicht beeinflussen lassen. Schwarze Schafe gibt es bekanntlich überall. Sich selbst treu zu sein ist das Wichtigste. Mir haben die im Kloster gesammelten Erfahrungen schon gute Dienste geleistet. Schauplatz, wie sollte es anders sein: meine Talkshows.

Am 1. April 1998 mit dem Thema »Ich bin ein Sexgott.« Eigentlich hätte ich schon im Sendungs-Briefing merken müssen, daß da etwas nicht stimmt. Es war einfach zu perfekt. Eine Sendung, wo jeder Gast den anderen Gast durch eine außergewöhnliche These reizt, ist für eine Moderatorin das Höchste. In meinen fünf Talkshow-Jahren erlebte ich dies fast nie. Oft bekommen Gäste kalte Füße, wenn sie das Aufnahme-Rotlicht im Studio sehen. Dann erzählen sie nur einen Bruchteil von dem, was sie den Redakteuren am Telefon erzählt hatten.

Aber schon mein erster Gast an diesem Tag zelebrierte

genüßlich den Slogan: »Ich bin ein moderner Don Juan«. Sein Vorzug: Ausdauer. Ich fand ihn amüsant. Nach fünf Minuten gab es Mikrofonprobleme. Ich wurde sauer, denn jetzt hieß es, letzte Sequenz noch einmal von vorn. So etwas mag ich total ungern. Im Kloster hatte ich aber gelernt, Ruhe zu bewahren. Ich besann mich darauf. Dann trat eine Ex-Freundin von diesem Don Juan auf und machte ihn ziemlich nieder. Doch nach wenigen Minuten schwenkte sie um, erzählte genau das Gegenteil. Helmut, ein bekennender Alkoholiker, der schon am Tresen stand, fing zwischendurch mit dem Thema »Das beste Stück des Mannes« an. Ich ahnte etwas, war mir aber nicht sicher. Also simulierte ich einen Mini-Zusammenbruch, stützte mich auf den Tresen und dachte laut in die Kamera: »Bin ich hier im richtigen Film?« Wie aus der Pistole geschossen erhielt ich folgende Message über mein Earpiece: »Was ist los, Arabella? Mach bitte weiter, die Kameras laufen!« (Durch das Earpiece hält der leitende Redakteur immer Kontakt zu mir und gibt mir so zum Beispiel Zeitangaben durch.)

Pflichtbewußt riß ich mich zusammen, machte weiter. Es kam eine Frau, die bereitwillig erzählte, 500 Männer hätte sie schon im Bett vernascht. Ein Publikumsgast nahm sie auseinander, und in mir arbeitete es: »Wenn die Zuschauer nichts merken, dann habe ich wahrscheinlich nur einen schlechten Tag erwischt.« Mein schlechtes Bauchgefühl war weg, und ich holte den nächsten Gast herein. »René, ein 41jähriger Mann, der zeitweise zehn Frauen gleichzeitig liebt. Eine von ihnen saß im Publikum. Während der fünf Minuten Talk stellte sich heraus, daß er Zuhälter ist und es sein Hobby und seine Pflicht ist, sich um die Mädchen zu kümmern. Sofort schoß mir ein Sextester durch den Kopf, welchen ich schon zweimal in meinen Sendungen hatte. Auch er erzählte ähnliche Geschichten, daß die Krankenkasse ihm etwa die Bordellausflüge bezahle, ich runzelte nur die Stirn und dachte: »Das soll's wirklich geben?« Ich holte Gast Nummer fünf: eine 45jährige Frau, die für die Keuschheit plädierte. Gast Nummer sechs baggerte mich tierisch an.

Bei Sendungsminute 45 wurde mir alles zuviel. Zwar sah man es mir nicht an, aber als Alkoholiker Helmut seinen Cognac rausholte, sagte ich: »Spinnst du?« Und war mir sicher, jetzt ist der Moment der Wahrheit gekommen. Spätestens beim Security-Check im Studio hätte man ihm die Schnapsflasche wegnehmen müssen. Weil das nicht geschehen war, dachte ich, mein Team stecke mal wieder mit den Talkgästen unter einer Decke. Ich fühlte mich siegessicher und trank auch aus dieser Flasche. In der Hoffnung, darin wäre Tee. Es war Schnaps, und in mir wuchs wieder die Unsicherheit. »Oli, hier stimmt etwas nicht«, sagte ich dem Chef vom Dienst in einer Werbepause. Was ich nicht wußte, er hatte eine kleine Filmkamera und filmte meine Unsicherheit in der Kulisse. Ich aber traute ihm 100prozentig. Von Anfang an war er in meinem Team dabei, und man kann sagen, daß er bei mir eine Talkshow-Karriere der anderen Art gemacht hatte. Mit blutjungen 24 Jahren vertrat er seine konservative Meinung zu: »Orgasmus bitte kommen« (27. 3. 1995). Die Sendung »infizierte« ihn mit dem Talkshow-Virus. Ergebnis: Nach ein paar Wochen wurde er Redaktionspraktikant, dann Volontär und am 1. 7. 1997 schließlich Redakteur. Im Januar 1998 stieg er zum Chef vom

Dienst auf und im August 1998 zum stellvertretenden Redaktionsleiter. Zum Leidwesen seiner Eltern, die sich eine klassische, konservative Karriere nach seinem BWL-Studium an der Berufsakademie Ravensburg erhofft hatten, ihn nun als eine Art »Fernsehclown« betrachteten, wie in einem Streitgespräch mal durchsickerte.

Ich hatte zu Oliver jedenfalls uneingeschränktes Vertrauen. Deshalb ging ich wieder mopsfidel in mein Studio und sagte meine nächsten Gäste an. Ein Yoga-Trainer erzählte etwas von einem Ganzkörperorgasmus, und ein 29jähriger Gast wollte mir die Geschichte eines Penisbruches andrehen. Durch die ProSieben-Sendung »liebe sünde« hatte ich erfahren, daß es auch so etwas wirklich gab. Etwa 29 Männern pro Jahr passiert so etwas. Das gute Stück wird geschient, und nach einem halben Jahr ist das Problem völlig ausgeheilt.

Doch nun wußte ich, die haben mich wirklich professionell reingelegt. Es war natürlich zu spät. Die Auftrittstür ging auf, und mein Kollege Andreas Türck kam mit einem »April, April-Blumenstrauß«. So schnell erliegt man Phantasie und Wirklichkeit. Schweigen ist die beste Medizin. Ich schämte mich, weil ich die Lügengeschichten nicht eher durchschaut hatte. Eins tröstete mich sofort: Auch die Zuschauer fielen auf diese Scherzsendung herein. Die Sendung schoß mit 18,9 Prozent im Marktanteil der 14-19jährigen Zuschauer an Platz zwei der Sendungs-Hitliste.

Zu meinem Trost war ein Jahr zuvor, am 1. April 1997 *mir* das Publikum gehörig auf den Leim gegangen. Thema der Sendung »Sex im Büro«, meine Talkgäste: Mitglieder aus meiner Redaktion. Talkgäste und Handlungen waren völlig frei erfunden. Ähnlichkeiten mit noch lebenden oder bereits verstorbenen Personen waren rein zufällig. Ute W. (»Arabella«-Redakteurin) spielte eine sexsüchtige Agenturchefin. Volker N. (»Arabella«-Praktikant, Volontär und später Redakteur), fiel als ahnungsloser Praktikant dieser männermordenden Person zum Opfer. Tom G. (»Arabella«-Redakteur, später Chef vom Dienst der Sendung »Nicole«, trat als Doktor für Psychologie auf. Natürlich kam er nur zu »Arabella«, weil er sein neues Buch *Leistung zur Lust* promoten wollte. Um diese besagte Lust auszuleben, braucht man natürlich die entsprechende Kleidung. Deshalb führten unsere Arabella-Gästebetreuerinnen als Models aufreizende Büro-Kostümchen vor. Dann präsentierte sich Cornelia T. (Redakteurin und Chef vom Dienst) als eine widerliche Person, die sich nach oben schläft. Ihr Freund saß im Publikum und wurde von Thomas D. (auch »Arabella«-Redakteur) perfekt imitiert. Seine Rolle: der vom Geld seiner Freundin lebende Macho. Antoinette T. (Redakteurin) regte sich tierisch als Publikumsgast über das frivole Pärchen auf. Auch sie schrieb übrigens Redaktionsgeschichte: Als Redakteurin war sie von Anfang an dabei, ging dann kurz in Babyurlaub und ist seit Mai 1999 wieder in meinem Team mit einer klitzekleinen Veränderung: Sie hat ein süßes, kleines Mädchen zu Hause.

Mein damaliger stellvertretender Aufnahmeleiter Oliver L. hatte mit den schwierigsten Job: Maskiert trat er als ein Sekretärinnen vernaschender, autoritärer Chef auf. Nach seinem Monolog stellten wir dem ahnungslosen Publikum fünf Opfer, angebliche Sekretärinnen dieses Mannes vor. Sabine S. (in Wirklichkeit die gute Seele aus unserer Redaktion), Mascha Z. (Sekretariat) und Anke R. (Redakteurin) schlugen sich grandios. So nahm uns das Publikum auch ohne »wenn« und »aber« die empörte Ehefrau dieses untreuen Chefs ab, gespielt von Nadia N. (Redakteurin). Die leidgeprüfte Gattin mußte sich als nächstes ihre Affäre mit Oliver B. (Redaktion) von uns unterbreiten lassen. Das Eheglück zwischen Nadia und dem Sekretärinnen verschlingenden Oliver L. war somit vor laufender Kamera vorbei.

Dann zeigten wir einen Filmausschnitt. Mitglieder aus der Redaktion gaben ihr Bestes: Mein langjähriger Fahrer Herbert S., Redakteurin Isabel H., Redakteur Ulli S., Redaktionsleiterin Iris S. und Producerin Uschi E. (ich hoffe, ich habe keinen vergessen) fiel das Unmöglichste zum Thema Bürosex ein. Publikum und wahrscheinlich auch Zuschauer waren schockiert. Wenn die wüßten, daß zum Beispiel Iris S. der Redaktions-Dinosaurier ist.

Witzigerweise lernte sie mich über eine Reportage kennen. Sie war Redakteurin bei der Zeitschrift *Mädchen* und schrieb einen Artikel über mich und meine Sendung. Genau wie Oliver wurde sie vom Talkshow-Virus infiziert, und im September 1994 fing sie in der »Arabella«-Redaktion an. Erste Begegnung mit mir: via Telefon. Ich lag ja damals mit meinem Gipsbein zu Hause im Bett. Ihr erstes Thema werde ich nie vergessen: »Fit für die Liebe« (19. 12. 1994). Denn ein Talkgast dieser Sendung, der Münchner Bodybuilder Andreas Münzer machte nicht nur als Spitzensportler in meiner Talkshow Schlagzeilen. 1996 kam er ums Leben. Der Grund für seinen Tod: Multiorganversagen durch Mißbrauch von Anabolika. Zum Glück begann endlich die öffentliche Diskussion über diese schädlichen Muskelaufbaupräparate. Bereits zuvor hatten Sportler durch Doping ihr Leben verloren. Bei der Siebenkämpferin Birgit Dressel aus Mainz etwa gaben innere Organe während eines Wettkampfes ihre Funktion auf. Als ich damals die Todesbilder live sah, bestürzte mich das sehr. Zwar hat der Sport den Mißbrauch von Anabolika nicht allein gefördert, ihn jedoch mit seinem exzessiven Leistungsdenken »schneller, höher, weiter, besser« beschleunigt. Ideelle und soziale Werte sind beim Sport auf der Strecke geblieben.

In anderthalb Jahren machte Iris 25 Sendungen. Auch ihre Karriere liest sich wie aus einem Bilderbuch: September 1996 Chef vom Dienst, Mai 1997 bis Dezember 1997 kommissarische Redaktionsleiterin, schließlich Redaktionsleiterin. Seit Juli 1998 leitet sie bei ProSieben den gesamten Talkshow-Bereich. Daß sie für Lumpereien zu haben ist, zeigt ihr Statement vom 1. April: »Sex im Büro: Nur mit dem Chef, damit es sich richtig lohnt.«

Nächste Überraschung fürs Publikum: Auch ein Schwuler hatte mit dem untreuen Chef Oliver ein Verhältnis. Thomas F. (Redakteur) spielte perfekt, denn in Wirklichkeit ist er der holden Weiblichkeit verfallen. Ein anderer Gast, Redaktionsvolontär Nico W. wurde während seines Auftritts von den Sekretärinnen so angepöbelt, daß er sofort das Studio verließ. Nach wie vor kaufte uns das Publikum alles ab. Unser Aufnahmeleiter Joan C. (leider ist er nicht mehr in meinem Team) hatte den schwierigsten Job. Er mußte sich als Hausmeister verkleiden, der die Sexspielchen im Büro des sexsüchtigen Chefs Oliver heimlich gefilmt hatte. Jetzt wurde es aber endlich Zeit, unseren »1. April-Betrug« aufzuklären. Ein

Raunen ging durch die Publikumsreihen, alle waren uns auf den Leim gegangen. Wir hatten die unterschiedlichsten Klischees bedient und Erfolg gehabt, denn diese Scherzsendung schauten sich im Durchschnit mehr Leute als sonst an.

April 1999 legten wir zur Abwechslung mal die Talkgäste rein. Nur die Zuschauer wußten dieses Mal Bescheid. Das Repertoire ist jetzt jedenfalls ausgereizt. Was man mit mir in den nächsten Jahren zum 1. April so treibt? Ich bin jedenfalls auf alles vorbereitet. Vielleicht sollte ich ihnen einen sogenannten »Affen-Talk« vorschlagen.

Da habe ich schon so meine Erfahrungen gemacht. Die Zutaten dafür sind nicht schwer zu bekommen: ein Affe, Arabella Kiesbauer und der Laut »uff«. Im brasilianischen Urwald stieß ich mit meinem damaligen Freund Hans darauf. Jeden Tag machte ich mit meinem Freund Ausflüge per Ruderboot zu den umliegenden Inseln. Ich stieg immer als erste aus, um das Boot an Land zu ziehen. Und auf einer anscheinend verlassenen Insel kam ein Affe aus riesigen Büschen blitzartig heraus und steuerte auf uns zu. Ich bekam Angst, stieg wieder ins Boot, in der Hoffnung, der Affe ginge weg. Aber er kletterte ins Boot, schaute mich an und sgte: »Uff.« Ich wußte nicht so recht, was ich machen sollte, und entgegnete ihm: »Uff.« Zehn Minuten lang tauschten wir uns aus. Einmal sagte er »uff« und einmal sagte ich »uff«. Hans interessierte ihn Null. Der Affe war so putzig. Obwohl ich Angst hatte, er könnte mich kratzen. Also sagte ich noch einmal »uff«, und der Affe schaute mich mit verliebten Augen an. Sollte der Affe mich etwa für eine bezaubernde Äffin halten? Entdeckte er in meinem »uff« eine Art Seelenverwandtschaft? Verunsichert wollte ich den Rückzug antreten, doch es fiel etwas ins Wasser, der Affe erschreckte sich, und so schnell, wie er gekommen war, war er auch wieder weg. Noch Tage später trauerte ich diesem Erlebnis nach. Hans schüttelte den Kopf: »Wer schweigt schon freiwillig einen Affen an.« Solche Sentimentalitäten von Frauen verstehen Männer nicht. Also sollte man nicht mit ihnen darüber reden, nach dem Motto: »Reden ist Silber, Schweigen ist Gold«.

Wer ist der größte Schmuddel-Talker in unserem Land?

Warum schmeiße ich die Talkshow nicht einfach hin? Fünf Jahre müßten doch wirklich genug sein! Warum mache ich es nicht wie Verona Feldbusch? Im März 1999 ging sie in der *Bild*-Zeitung (Ausgabe: 17. 3. 1999) der Frage auf den Grund: »Wieviel Schweinkram muß eine Moderatorin schlucken, bevor sie den Krempel hinschmeißen kann?« Das klang so, als wäre alles, was sie macht, Scheiße und als wären daran die anderen schuld. Zuschauer, die zu dieser Zeit bei der RTL 2-Sendung »Peep« genau hinhörten, merkten, daß Verona bei ihrer Ankündigung der Beiträge gar nicht mehr auf das Thema einging, sondern nur noch sagte: »Und jetzt kommen wir zum nächsten Film.« Ich könnte ja auch stereotyp wiederholen: »Und jetzt kommen wir zum nächsten Gast!« Aber solche halben Sachen mag ich nicht.

Ich entschied für mich, nie einen Konflikt über die Presse austragen zu wollen. Es gehören immer zwei zu einem Tango. Im Guten wie im Schlechten. Und der Kriegsweg über die Presse ist ein einsamer. Diesen Hauch habe ich schon oft gespürt. Entweder ganz oder gar nicht. Ich glaube, die Katze beißt sich da gewaltig in den Schwanz. Doch als Folge einer Sendung geriet ich selbst in solch einen Pressekrieg. Am 16. 3. 1998 sprach eine Hausfrau in der Sendung »Sexy Hausfrauen« über ihr Hobby: CB-Funk mit Truckern. Durch eine Eigendynamik im Redefluß und durch eine Doppeldeutigkeit in ihrer Wortwahl löste sie die »Schmuddel-Talk-Kampagne« aus. Inoffiziell gab es den Virus schon seit Mai 1997. Die MABB (Medienanstalt Berlin-Brandenburg) – die über die Sendelizenz des Senders entscheidet) – forderte damals ein paar Sendungen zur Prüfung an. Ergebnis nach ein paar Monaten: Verfahren eingestellt.

Jedenfalls schaute eine Großmutter aus Oberbayern mit ihrem Enkel meine Sendung an und empfand die Sätze des Talkgastes »Ich fragte ihn, ob ich seine Antenne richten solle, und er erzählte mir, er habe zwei Antennen . . .« abstoßend, schmuddelig und jugendgefährdend. Sie zeigte mich bei den staatlichen Behörden an. Resultat: Ein Medienskandal und eine Strafanzeige wegen Verbreitung von Pornographie. Das muß man sich mal vorstellen! Ich mußte an Teresa Orlowski denken und kam zu dem Ergebnis: Eine Pornoqueen bin ich eigentlich nicht. Und bei ProSieben gingen empörte Briefe von der Staatsanwaltschaft, der Medienanstalt Berlin-Brandenburg und von einer CSU-Sozialministerin aus Bayern ein. Man hätte das Thema ja zunächst auch mal »out of the record« besprechen können. Wie schon gesagt: Bevor ich in der Presse bei einem Krieg mitmache, diskutiere ich ein Thema lieber im Privaten oder in einem entsprechenden anderen Raum aus. Hier aber hatte ich keine Chance.

Wie es schon so einige Male passiert war, erfuhr ich von Vorwürfen gegen mich erst aus den Schlagzeilen. Also versuchte ich, mich dem zu stellen und so gut wie möglich darauf einzugehen, ohne mir das Rückgrat verbiegen zu müssen. Bei der Sendung »Sexy Hausfrauen« (16. 3. 1998) war klar, daß ein Talkshow-Dialog nicht pornographisch im Sinne des Strafrechtes ist. Bei der Sendung »Nackte Tatsachen – ich kenne keine Scham« (20. 3. 1998) sah die Lage schon prekärer aus. Wir hatten nackte Brüste aus dem Internet gezeigt. Im ersten Moment dachte ich mir aufgrund meiner *Playboy*-Erfahrungen nichts dabei. Schließlich konnte da auch jeder meine nackte Haut besehen, und manche unter meinen Autogrammjägern waren um die fünfzehn Jahre alt. Fernsehzeitschriften, Wochenillustrierte, ja sogar der ehrwürdige *Spiegel* haben sexy Nackedeis auf ihren Covern. Zu jeder Zeit und für jedermann griffbereit am Kiosk! Wo war da der Stein des Anstoßes?

Einen Sendemitschnitt forderte die Staatsanwaltschaft nun auch von folgenden Sendungen an: »Körperschmuck – Heute laß ich es machen« (4. 3. 1998), »Ich fordere die Todesstrafe« (8. 4. 1998), »Mein Weg auf die schiefe Bahn« (9. 4. 1998) und »Biester und Schlampen: So bekommst du jeden Mann« (14. 4. 1998). Nach ein paar Wochen stellte die MABB (Medienanstalt Berlin-Brandenburg) das Verfahren ein. 1997 war schon einmal eine Reihe meiner Sendungen kontrolliert worden, wie zum Beispiel: »Ich werde terrorisiert« (18. 2. 1997). Ich hatte damals zwei maskierte Jugendliche in der Sendung, gegen welche die Staatsanwaltschaft Haftbefehle erließ. Mit Blaulicht und Handschellen tauchte die Polizei im Studio auf. Ohne Erfolg, denn es handelte sich um eine vorproduzierte Sendung, die maskierten Männer gingen schon längst wieder ihrem Alltag nach.

Schon einmal wartete die Polizei vergebens vor meinem Studio. Damals wollte die Staatsanwaltschaft an unsere Kontaktadressen, sprich an unsere gesamten Rechercheunterlagen ran. Es ging um den Schauspieler Peter K. Die Sendung hieß: »Ich hasse meinen Körper« (22. 1. 1996), und der Grund für seine Festnahme lautete Steuerhinterziehung (so sagte man uns). Aber weil wir den Schauspieler aus Ägypten hatten einfliegen lassen, waren unsere Informationen über ihn absolut wertlos für Staatsanwaltschaft und Polizei.

Der Hexenkochtopf der Presse brodelte trotz Einstellung des Schmuddel-Talk-Verfahrens gegen mich auf höchster Stufe weiter. Ich wunderte mich. Warum hatte sich in den letzten vier Jahren nie jemand aufgeregt? Ich kam mir vor wie eine Weihnachtsgans: Schlachten sie mich oder nicht? »Schmuddel-TV bei Arabella Kiesbauer« mutierte vom Thema des Tages zum Dauerthema. Das Ende ist nicht abzusehen. Erhöhte Presseaktivität in Sachen Schmuddel-Talk verzeichnete ich zum ersten Mal am 25. 5. 1998. Die *SZ* arrangierte ein Gespräch zwischen einer sogenannten Politikerin mit Herz und einer verunglimpften Moderatorin mit Herz – mir. Gut überlegt und 40 Tage nach der Ausstrahlung der anstößigen Sendung »Sexy Hausfrauen«. Der damalige Programmdirektor von ProSieben kam mit. Als »inhaltlich Verantwortlicher« für meine Sendung gab er mir Rückendeckung. Außerdem gingen die Vorwürfe auch gegen ihn. Er war schließlich der Verantwortliche des damaligen ProSieben-Programms und sah das Ganze viel lockerer als ich. Unter vier Augen machte er manchmal seine Scherzchen, nach dem Motto, bald habe ProSieben zwei vorbestrafte

Mitarbeiter, darunter eine Moderatorin und einen Programmdirektor. Mit verwunderten Augen schaute ich ihn an, schließlich schossen mir Gedanken wie Gefängnis, Einzelzelle, erkennungsdienstliche Maßnahmen, sprich Polizeifoto und Fingerabdrücke, durch den Kopf. Ich fand das Ganze gar nicht komisch. Wie paralysiert schaute ich deshalb Familienministerin Barbara Stamm an, als sie über Sendeplatzverschiebung, über das Niveau meiner Sendungen und über die Belange des Jugendschutzes anfing zu diskutieren.

Zum ersten Mal gab ich zu, über manche Sendungen selbst nicht so glücklich gewesen zu sein. Mein Dauerbeispiel, nicht ohne Grund: »Nackte Tatsachen – Ich kenne keine Scham«. Wir zeigten die Stripperin Betty, die per Internet Anweisungen zur Selbstbefriedigung gab. Aber so etwas findet man auch in Illustrierten, die man vormittags, nachmittags oder an Feiertagen lesen kann. Der verantwortliche Redakteur holte sich von ProSieben einen Verweis, und ich erhielt wegen dieser Offenheit eine Rüge. Ich bitte nur, mir als Moderatorin zuzugestehen, daß ich ein Mensch wie jeder andere bin, daß ich täglich neue Erfahrungen mache und gehörig dazu lerne. Hier sagte ich mit zusammengebissenen Zähnen »mea culpa«.

Obwohl wir, sozusagen der Sender und ich, uns wirklich einsichtig, gesprächswillig und belehrbar zeigten, löste dieses Streitgespräch letztendlich die zweite Wahlkampfphase (es ging zeitlich in Richtung Bundestags- und Landtagswahlen) der »erhöhten Presseaktivitäten in Sachen Schmuddeltalk« aus: die Diskussion, meine Sendung in den Abend zu verschieben. Wie Haie stürzten sie sich auf mich, und der »ATV« (Anti-Talkshow-Virus) mutierte und breitete sich weiter rasend aus. Am 4. 5. 1998 (10 Tage nach dem *SZ*-Interview mit Barbara Stamm) verkündete sogar Bayerns Ministerpräsident Edmund Stoiber in der Zeitschrift *Bunte*, meine Sendung sei »niveaulos, primitiv und unmenschlich«. Schau einer an: Sogar der oberste Landesvater schaute meine Sendung an. Darauf kann man ja stolz sein, alle schimpfen über die Show, aber alle schauen sie sich an. Trotz dieser geheimen Gefühle des Stolzes fühlte ich mich jetzt in meiner Person angegriffen, wie ein weiblicher Don Quichotte, der gegen die großen Riesen (Windmühlenräder) kämpft und dabei fast ums Leben kommt.

Denn eine Verschiebung meiner Sendung in das Abendprogramm wäre wie die Umpflanzung von exotischen Bäumen: Das Risiko des Eingehens ist zu groß. Für mich diskutierten deshalb Politiker und Landesmedienanstalten keine Verschiebung von Talkshows, sondern die Ausrottung dieser Unterhaltungsgattung. Bei allem Verständnis für Kritik an der Sache wunderte ich mich gemeinsam mit meinem Manager Christian Seidel über diese plötzlich erblühte, intensive und öffentliche »Arabella Kiesbauer«-Diskussion. Das Medienthema Nummer eins blühte und gedieh 1998. Teilweise wurde ich von der Presse sogar mit Äußerungen zitiert, die ich nie ausgesprochen hatte. Hauptfrage an mich: »Wäre es nicht sowieso besser, die Sendung am Abend zu haben?« Damit nicht noch mehr Verwirrungen auftreten, verhängte Christian Seidel eine Interviewsperre. Das war bereits die zweite nach dem Theater mit dem falschen Scheich.

Ich bin ja eigentlich immer dafür, daß man ein Problem offen ausdiskutiert. Aber manchmal, das habe ich gelernt, ist es trotz aller Redeleidenschaft besser, nichts mehr zu sagen. Vor allem, wenn die Motive der Beteiligten an der Diskussion unergründlich sind. Es ist klar: Eine Nachmittagssendung kann nicht am Abend bestehen, dafür spricht das Talkshow-Konzept nicht die richtige Zielgruppe an. Meine Sendung ist für Jugendliche bestimmt, welche die gängigen Jugendzeitschriften lesen, in denen es um die gleichen Themen geht und die von der Sprache her ähnlich wie ich ticken. Andere Altersgruppen können mit »cool« oder »Mann ist das geil« nicht viel anfangen.

Oktober 1998 feierte mein Sender seinen zehnten Geburtstag. Die ganze Prominenz war geladen. Die Abendzeitung druckte extra für ProSieben eine Spezialausgabe, nur für Partygäste bestimmt, und ich moderierte durch den Abend. Außerdem war ich auf der Jagd nach Edmund Stoiber. Gern hätte ich den Ministerpräsidenten auf meine »Schmuddel-Talk-Bauchschmerzen« angesprochen, aber man kam nicht an ihn ran. Vielleicht hat er meine Sendung doch nicht gesehen... Und weil er in seiner 15-Minuten-Ansprache kein Wort über den Schmuddel-Talk-Skandal und die Jugendschutzrichtlinien verlor, dachte ich mir nur: Endlich ist es mit meinem schlechten Ruf unter Politikern vorbei.

Obwohl ich zurückblickend viel über mich ergehen lassen mußte: Am 7. 5. 1998 (13 Tage nach dem *SZ*-Interview) empfahl die Direktorenkonferenz der Landesmedienanstalten (DLM) der Medienanstalt (MABB) die Einleitung eines Prüfverfahrens gegen meine Talkshow inklusive einer Sendezeitbeschränkung. Für solche Schlachten ist der Unternehmenssprecher meines Senders, Dr. Torsten Rossmann, für mich da. Am 8. 5. 1998 sprach sich in einer Zeitschrift Kurt Beck (Vorsitzender der Rundfunkkommission der Länder und rheinland-pfälzischer Ministerpräsident) öffentlich gegen meine Sendung aus. Wie die Pest wurde ich behandelt.

Ich verbreite jugendgefährdende Inhalte? Ich fühlte mich wie eine junge Frau im 18. Jahrhundert: als Hexe bezichtigt, es fehlte nur noch der Scheiterhaufen. Jeden Morgen zerpflückte ich die Tageszeitungen nach Statements gegen mich. Alle schossen mit schweren Geschützen: Die Bundesfamilienministerin Claudia Nolte: »Diesem Schund auf der Mattscheibe muß ein Ende gesetzt werden.« Die bayerische SPD-Vorsitzende Renate Schmidt: »Diese Sendungen sind eine subtile Form von Gewalt gegen Kinder.« Eine Lawine von wild gemischten Statements gegen Nachmittags-Talkshows bewegte sich auf mich zu.

Sabine Christiansen nahm sich an einem verregneten Sonntag (10. 5. 1998) des Schmuddel-Themas an: »Talks ohne Tabu – Was darf das TV am Nachmittag?« Gäste wie Rechtsanwalt und Moderator Joachim Steinhöfel traten eindeutig für journalistische Meinungsfreiheit ein. Joachim Steinhöfel ging noch weiter und sagte sogar: »Politiker dürfen keinen Einfluß auf das Programm nehmen!«

Ab dem 10. Mai 1998 breitete sich der Schmuddel-Talk-Virus auch auf die anderen Talkshows aus. *TVneu* machte die Headline »Wie weit darf Fernsehen gehen?« zum Thema der Woche. Erste Konsequenz: Alles, was moralisch nicht einwandfrei ist, mußte mit einem Pieps überlegt werden. Auf allen Kanälen piepste es folglich ununterbrochen. Beispiel: »Er (pieps) mich in den (pieps)«, »Sie (pieps) es mit einem (pieps), »Sein (pieps) war viel zu groß für mich.« Zum ersten Mal diskutierte man die freiwillige Selbstkontrolle in Sachen jugendgefährdender Themen.

Ab sofort war ein internes ProSieben-Papier, welches für diese Selbstkontrolle den ersten Schritt bedeutete, meine »Moderationsfibel«. Auch Gäste müssen sich seitdem in der Beschreibung ihrer Geschichten zurückhalten. Das erste Mal in meinem Leben stieß ich an die Grenzen meiner Moderation. Denn wenn die ganze Zeit im Kopf die Folgen eventuell doppeldeutiger Sätze rumspucken, ist man blockiert. Ich führte kurze Vorgespräche mit meinen Gästen, um nicht noch mehr in irgendeinen Gehirnkrampf zu verfallen. Und ich mußte versuchen, mit meinem neuen Image als Schmuddel-Talk-Lady umzugehen.

In stundenlangen Telefonaten diskutierte ich mit meiner Mutter, was ich falsch gemacht hatte. Sie stellte mir die Frage: »Arabella, wenn du noch einmal die Chance hättest, in deinem Leben etwas zu ändern, würdest du es tun?« Ich dachte kurz nach, dabei fiel mir ein Theaterstück ein: Pavel Kohouts »So eine Liebe«. Eine Frau begeht Selbstmord und kommt vor das Jüngste Gericht. Man gibt ihr die Chance, ihr Leben noch einmal in die eigenen Hände zu nehmen und von vorn anzufangen. Die Frau fängt noch einmal an, ihr Leben zu leben. Ihr zweites Leben endet jedoch wieder im Selbstmord. Es war einfach ihr Schicksal. Trotz meiner kleinen Selbstzweifel war ich mir sicher: Ich bereue nichts! Manchmal denke ich darüber nach, was meine Omi über dies alles wohl gesagt hätte. In solchen Momenten fehlt sie mir ganz besonders. Auf der anderen Seite bin ich froh, daß sie diese erniedrigenden Presseüberschriften nicht mehr miterleben mußte. Die Headlines der Tageszeitungen: »Schmuddel-Talk: Aus für Arabella, Meiser & Co?« Automatisch rutschte ich auf Platz eins der deutschen Moderatoren-Hitliste, nur die Umstände waren nicht die glücklichsten.

Ab Ende Juni 1998 arbeitete ich dann auf der Grundlage der »Freiwilligen Verhaltensgrundsätze für Talkshows im Tagesprogramm«. ARD und ZDF gaben zu der Schmuddel-Talk-Kampagne den Kommentar ab, ihre nachmittäglichen Sendungen würden sich bewußt von Talkshows privater Anbieter unterscheiden.

Obwohl die ARD mit ihrer Talkshow »Fliege« im Jahre 1997 auch mal ins Kreuzfeuer der Kritik geriet. Es lag eine Beschwerde des Vereins »Bürger fragen Journalisten« gegen Fliege vor, der bekanntlich eine BR-Auftragsproduktion ist. »Wer ... in Kauf nimmt, Kinder und Jugendliche in ihrer Entwicklung auf falsche Wege zu führen, hat es nicht verdient, durch staatlich festgesetzte Rundfunkgebühren finanziert zu werden« zitiert aus *Focus*, 22. 12. 1997). Es ging um die Sendung vom 17. 11. 1997: »Manchmal braucht man einen Mann für gewisse Stunden«. Solche Sendungstitel sind gefährlich, denn sie sprechen die niedrigsten Instinkte in jedem von uns an, egal wie Talkgäste auftreten und wie ihre Geschichten tatsächlich sind. Die Frage ist nun: Was ist niedrig und was nicht?

Wir bei ProSieben entschärften unsere Sendungstitel. Das Gegenteil geschieht im Zeitungsbusiness: Hier werden die Schlagzeilen verschärft, um Verkäufe zu maximieren. Teilweise gelingt uns diese Art Entschärfung, teilweise liegen wir daneben. Im April 1999 planten wir zum Beispiel eine Sendung mit dem Titel: »Potenzmittel, wie steht er dazu?« Nach der Entschärfung wurde daraus: »Unsere Liebe braucht einen neuen Kick«. 1994 zeichnete sich schon einmal solch eine Tendenz zur Entschärfung ab, weil ProSieben durch das wöchentliche Magazin »Die Reporter« in die Schußlinie geriet. So wurde »Sex mit dem Ex« umgewandelt in »Alte Liebe rostet nicht«. Dies fiel aber kaum jemandem auf, weil ich vor fünf Jahren noch nicht so im Mittelpunkt stand und kein Hahn nach mir krähte. Heute hat so etwas für mich andere Konsequenzen.

Für mich und die Redaktion änderte sich einiges. Zum Beispiel hole ich heute für meine Moderation gelegentlich Rat bei unseren Psychologen. Bei vielen Geschichten, die sehr ernste Themen behandeln (zum Beispiel Mißbrauch), oder bei Geschichten, bei denen wir von vorneherein absehen können, daß die Fronten zwischen den Parteien sehr verhärtet sind (zum Beispiel bei Familienstreitigkeiten), laden wir eine Psychologin ein. Diese Psychologin muß nicht immer während der Sendung zum Einsatz kommen, sondern ist vor allem für die Gäste nach der Sendung da, um sie weiterhin zu betreuen. Ich verweise meine Talkgäste schon in der Sendung auf unser Angebot, sich hinter den Kulissen mit der Psychologin zusammenzusetzen. Dieses Angebot wird auch in der Regel gerne angenommen und findet unter Ausschluß der Kameras statt. Solange, wie die Gäste möchten.

Jedoch nehmen einige Talkgäste dieses Angebot überhaupt nicht an. In meiner Sendung »Ohne mich wärst du ein Niemand« (4. 11. 1998) gab es ein kompliziertes Verhältnis zwischen einer Mutter und ihrer Tochter. Wir boten psychologische Beratung an, die jedoch von den Talkgästen abgelehnt wurde. Warum, konnte keiner von uns nachvollziehen. Der Fall sah folgendermaßen aus: Die Mutter schlug ihre Tochter jahrelang, degradierte sie zur Putzfrau und wurde Zeugin, wie der eigene Sohn sich an ihr vergriff. Hilfe konnte die Tochter nie erwarten. Nach Jahren sucht die verzweifelte Mutter jedoch wieder Kontakt zu ihrer Tochter, eine Versöhnung kommt für die schwer gedemütigte Tochter aber nicht in Frage. Beide waren bereit, in meiner Sendung über diese sehr private Problematik zu sprechen. Ganz normal konfrontierte ich Publikum und Talkgäste mit den Fakten dieses Falles. Unsere Münchner Familientherapeutin Cornelia P. saß im Publikum. Die beiden Frauen hätten laut unserer Expertin eine gute Chance gehabt, wieder zueinanderzufinden. Nach der Aufzeichnung gingen sie sich jedoch aus dem Weg, und unsere Psychologin mußte sie getrennt befragen. Unsere Expertin bot der Mutter ein Therapie-Seminar an, für das ProSieben aufgekommen wäre. Leider ging die Mutter auf den Vorschlag nicht ein. Die Therapeutin sagte dazu: »All das, was die Mutter selbst in ihrer schweren Kindheit erlebt hatte, übertrug sie automatisch auf die Tochter. Ein normaler Prozeß, den man nur mit psychologischer Hilfe bekämpfen kann.« Leider konnte ich als Moderatorin hier nicht schlichten.

Wenn Gäste Hilfe nicht annehmen, kann man als Außenstehender nicht viel tun, außer diese Entscheidung zu akzeptieren. Bei solchen Fällen bin ich teilweise frustriert. Am liebsten würde ich die Gäste mit zu mir nach

Hause nehmen und sie in stundenlangen Gesprächen von einer Therapie überzeugen. Diese Art »Hilfe für Talkgäste« wirkte sich sehr schnell auf das Sendungs-Budget aus. So überlegten wir uns Möglichkeiten, Geldmittel für psychologische Talkgast-Betreuungen freizusetzen. So etwas ist jedoch sehr schwer.

Erfahrungen machte ich hierzu schon einmal 1996. Bei einer anderen Sendung innerhalb meiner Nachmittags-Talkshow zum Thema »Mißbraucht« am 29. 8. 1996 richteten wir extra ein Spendenkonto ein, dessen Nummer während der Sendung eingeblendet wurde. Zu unserer Überraschung spendeten Tausende von Leuten. Wir bekamen keine Millionen zusammen, aber es war schon ein erster Schritt, um etwas Vernünftiges mit dem Geld anfangen zu können. Jedenfalls entstand aus dieser Nachmittagssendung eine Sonderausgabe meiner Talkshow, nämlich »Arabella Help«. Und weil ich damals auf dem Sendeplatz der Talkshow »Arabella Night« mehr Sendezeit hatte, strahlten wir sie auf diesem Sendeplatz aus.

Mich berührte die Ehrlichkeit in dieser Sendung über Mißbrauch, zum ersten Mal sprachen junge Frauen über Mißbrauch, über ihr Leid, was ihnen vor allem von Eltern, Verwandten oder guten Bekannten zugefügt wurde. Man sah ihren Schmerz in den Gesichtszügen, teilweise kullerten Tränen. Man sah aber auch die Erleichterung, endlich mal mit ihren schmerzvollen Geschichten an die Öffentlichkeit zu gehen. Auf diese Sendung hin bekam ich im Januar und Febuar 1997 eine Flut von Briefen. Geschändete Frauen schrieben mir genauso offen und ehrlich wie mißbrauchte Jungs. Man kann sich gar nicht vorstellen, wieviel Leid Menschen täglich anderen Menschen zufügen. Die Briefe machten mich traurig. Alle wollten mir mitteilen, was sie durchgemacht hatten. Sie identifizierten sich mit meinen Talkgästen, wollten aber mit ihrer Geschichte nicht an die Öffentlichkeit. Was sollte ich jetzt mit so vielen Briefen machen? Ich mußte mich entscheiden: Ich wollte jeden einzelnen dieser Briefe beantworten, aber wie?

Man spürt die Trauer, die Verletzungen, den Schmerz und die Selbstzerstörung zugleich, denn viele suchten die Schuld bei sich selbst. Die Spendengelder aus der Sendung flossen automatisch auf ein Konto des Münchner Kinderschutzbundes, sie kannten sich schließlich bezüglich Hilfe bei Mißbrauch aus und wußten Rat. Zusammen überlegten wir, wie man solche erschütternden Briefe beantwortet. So haben erfahrene Psychologen vom Kinderschutzbund sich individuell mit jedem Brief befaßt. Manchmal antworteten sie in meinem Namen (»Frau Kiesbauer bat uns . . .«), oder sie legten mir jeweils einen Entwurf mit ihren fachmännischen Anregungen vor. So konnte ich zum einem meine Sicht der Dinge einbringen und zum anderen den psychologischen Rat auf der Basis der Experten weitergeben. Über fünf Monate war ich jeden Abend mit den Antwortbriefen beschäftigt. Im Mai 1997 beruhigte sich die Reaktion wieder, und ich kehrte in meinen normalen Talkshow-Alltag zurück.

Die Kosten für Psychologen, für Zusatzkräfte in der ProSieben-Poststelle, für Briefmarken, etc. übernahm komplett mein Sender. Peanuts waren das wahrlich nicht. Und März 1999 standen wir wieder vor dem gleichen Problem. Schließlich arbeiteten wir intensiv seit einem halben Jahr mit Psychologen zusammen.

Böse Zungen behaupten: »Selbst schuld durch den Schmuddel-Talk-Skandal!« Ich denke jedoch, so einfach kann man sich das Ganze nicht machen. In Sachen Schmuddel-Talk zeichnete sich im Herbst 1998 eine ganz eigenartige Strömung ab, ein politischer Rückzug. Unsere Arbeit mit dem »Code of Conduct« bedeutete das Ende der politischen Anti-Talkshow-Kampagne. Kein Politiker mischte sich mehr in das Programm der Sender ein. Auf einmal waren nur noch Landesmedienanstalten und die journalistische Artillerie aktiviert, die weiterhin kräftig alle Talkshows beschossen. Die erhöhte Presseaktivität in Sachen Schmuddel-Talk ging über zu Phase drei: RTL-Sendungen wurden nun angegriffen, trotzdem stand ich nach wie vor an Nummer eins. Obwohl Klaus Kopka, Bayerns Medienwächter, mir eindeutig in einem *Bunte*-Interview (Nr. 16/99) Absolution erteilte: »Im Sommer 1998 haben die Landesmedienanstalten gemeinsam mit den Privatsendern einen Verhaltenskodex erstellt, in dem festgelegt wurde, daß Moderatoren bei Eskalationen der Gäste eingreifen müssen, daß die Sendungen nicht frauenfeindlich sein dürfen, Persönlichkeitsrechte geschützt werden und gegen den Jugendschutz nicht verstoßen werden darf. RTL ist momentan der einzige Sender, der sich an diese Bestimmungen nicht hält. Bei SAT 1 und ProSieben sind solche Entgleisungen nicht festzustellen.« Öffentlich schießen sich Hans Meiser und Klaus Kopka die Wutbälle zu. Der eine sagt, die Sendungen wären »unter aller Sau«. Und der andere küßt einen Sticker mit dem Konterfei seines Kontrahenten. Wo soll das noch hinführen?

Ende Februar faßten die Ministerpräsidenten Deutschlands zwei neue Grundsatzbeschlüsse zum Rundfunkstaatsvertrag: Die Bußgelder bei Verstößen in Talkshows sollen von 500 000 auf eine Million Mark raufgesetzt werden. Des weiteren soll man die Nachmittags-Talkshows auf einen anderen Sendeplatz verbannen. Bis das Ganze unter Dach und Fach ist, unterschrieben, ratifiziert und rechtskräftig, werden wir aber schon im Jahr 2000 sein.

Da hoffen wir mal, daß die Entwicklung nicht in Richtung Jerry Springer geht. Bei dem 55jährigen König der Schmuddel-Talk-Shows gehen täglich 3000 Bewerbungen ein. Acht Millionen Amerikaner sehen täglich seine Sendung, in der übelste Beschimpfungen, Prügeleien und hysterische Ausraster auf der Tagesordnung stehen. Er sagt: »Nur wenn es echt ist, hat es Elektrizität.«

Dieses Motto kann in Deutschland aber auch nach hinten los gehen, wie das folgende Beispiel beweist. In einer Redaktionskonferenz hatte eine Redakteurin die Idee, sich mit dem Thema: »Menschen mit Behinderungen« zu befassen. Grund: Behinderte Menschen wollen wie alle anderen behandelt werden und nicht mit der scheinheiligen Frage leben müssen: »Kann ich Ihnen helfen?« Oft ist es sogar so, daß behinderte Menschen angegriffen werden, weil sie nach wie vor nicht in unsere Gesellschaft integriert sind. Kleine Kinder zeigen sogar mit dem Finger auf Rollstuhlfahrer, und die erschrockene Mutter sagt nur: »Auf solche Menschen zeigt man nicht!«

Mir gefiel dieses Thema, und die Redakteurin recherchierte innerhalb kürzester Zeit ein paar Talkgäste, die endlich mal vor der Kamera sagen wollten: »Es reicht. Warum gafft ihr mich so an?« Uns gefiel diese Einstellung so gut, wir nannten gleich unsere Sendung so, die am 18.

Februar 1999 ausgestrahlt wurde. Zu Gast unter anderem ein fünfjähriges Mädchen, welches extrem schnell durch das Hutchinson-Gilford-Syndrom altert. Sarah kam gemeinsam mit ihrer Mutter zu mir ins Studio. Durch die schnelle Alterung (Lebenserwartung von etwa 13 Jahren) sieht die Kleine äußerlich anders aus. Manche halten Abstand von ihr, andere sind skeptisch, einige wiederum nehmen sie herzlich auf. Zum einen wollte sie uns ihren Lebensmut zeigen, und zum anderen wollte sie darauf aufmerksam machen, daß sie ein Mensch wie jeder andere ist. Das zeigte sie auch: Sie lief durchs Studio, zwischen den Beinen der Kameramänner, flirtete mit dem Regieassistenten. Jeder verliebte sich sofort in die bezaubernde, hellwache kleine Lady.

So sind auch die »Wolfsjungen« Larry, 21, und Danny, 18, ganz normale Menschen. Ihre Spitznamen bekamen sie durch eine Krankheit, die noch nicht erforscht ist. Nur drei Fälle sind davon auf der ganzen Welt bekannt. Ihnen wachsen am ganzen Körper schwarze Haare. Anfangs konnte ihre eigene Familie nicht damit umgehen. Sie steckte die beiden Kinder in Käfige und führte sie auf Jahrmärkten vor. Bis ein unbeteiligter Zuschauer die Kinder da rausholte. Man kann sich gar nicht vorstellen, was die beiden jungen Männer durch ihre eigenartige Krankheit mitmachen mußten. Auch sie werden ignoriert, ausgebuht, angeglotzt und ausgelacht. In meiner Sendung sagten sie: »Wer über uns lacht, ist ein dummer Mensch!« Ich war stolz, solche tollen Gäste in meiner Sendung zu haben, und wollte ein bißchen das amerikanische Prinzip anregen: »Wir leben mit behinderten Menschen und grenzen sie nicht aus!«

Leider ging meine Intention nach hinten los. Am nächsten Tag wurde ich auf dem journalistischen Jahrmarkt als Flop der Woche gehandelt, weil ich behinderte Menschen vorführe, was geschmacklos und scheinheilig sei. Unsere Einschaltquote war jedoch überwältigend hoch (22,9% Marktanteil). Da verstehe einer die Welt. Ich habe oft das Gefühl, Journalisten berichten lieber über die negativen Dinge als über die positiven.

Sofort fällt mir auch hierzu ein Beispiel ein. In meiner Sendung vom 10. 11. 1998 mit dem Titel »Du bist schuld, daß ich unglücklich bin!« lernte ich eine Familie kennen, im ersten Moment dachte ich: »So etwas gibt es doch gar nicht!« Die Tochter verliebte sich in den neuen Mann ihrer Mutter, sprich ihren Stiefvater, und man warf ihr jetzt vor, sie hätte die Familie zerstört. Mit 17 bekam sie vom Stiefvater das erste Kind, mittlerweile leben die beiden mit fünf eigenen Kindern zusammen. Seit Jahren gab es daher zwischen allen Familienmitgliedern nur böses Blut: Drohanrufe, gegenseitige Beschimpfungen, üble Unterstellungen – der totale Krieg in einer Familie. Eine Stunde Talk war viel zu kurz. Deshalb bat uns nach dieser Sendung die Tochter um eine Revanche.

Im Januar 1999 reiste noch einmal die komplette Familie an, nach dem Motto: »Was geschah danach?« Leichter Zuwachs: Tante, Onkel und Großmama waren nun noch dabei. Die ersten zehn Minuten lief alles prima, doch schon in der Pause ging jeder auf den anderen los. Wüste Beschimpfungen lösten erneut das Drama aus. Wir brachen die Sendung ab. Wir setzten uns nach der Aufzeichnung gemeinsam hin, und ich und die Studio-Psychologin, Frau Cornelia P., stellten fest, die dunklen Wolken am

Horizont lösten sich auf und die Familie versuchte, im normalen Umgangston miteinander zu kommunizieren. Für die Psychologin waren diese Gespräche am Sendungstag jedoch zu kurz. So flog sie mit der Redakteurin, die die Familie gut kannte, für einen Tag in deren Heimatstadt. Oft verrät das Umfeld und die eigene Wohnung, wie ein Mensch tickt. Wichtig ist, die Geschichten sind wahr und sie werden einigermaßen gut erzählt. Jedenfalls besuchte die Psychologin mit der Redakteurin zuerst die Mutter mit ihren beiden Töchtern, dann die älteste Tochter, die sozusagen der Mutter den Mann ausgespannt hatte. Schicksalsschläge, Vergangenheit, Kindheit – alles ging die Expertin mit beiden Partnern durch. Ergebnis: Einsicht. Jeder verstand auf einmal den anderen. Laut Psychologin wurde jahrelang untereinander nicht kommuniziert. Ihrer Meinung nach ist eine Familie wie ein Regalsystem, wenn ein Teil fehlt, bricht alles zusammen. Jetzt waren sie wieder vereint. Und die Familie bedankte sich bei mir mit Blumen, und fast täglich riefen sie abwechselnd bei der Redakteurin an.

Unsere Psychologin war sich sicher, nur durch uns hatten sie zusammengefunden und die Talkshow war ein Befreiungsschlag. Endlich konnte die ganze TV-Zuschauerwelt erfahren, was sie durchmachen mußten. Wir freuten uns für sie, und Anfang März 1999 planten wir »Ein Familiendrama bei Arabella – was geschah danach?« ein drittes Mal. Alles war koordiniert, organisiert und entsprechend vorbereitet. Bis eine Tochter sich verplauderte: »Wir waren übrigens letzte Woche bei Sat 1, ich glaube bei »Sonja«, zum Thema Versöhnung, schließlich haben wir es toll geschafft!« Wir waren sprachlos. Bei uns breitete sich eine Wut aus. Was, wenn Sat 1 die Sendung gerade an dem Tag ausstrahlt, wo die Familie auch bei uns zu sehen ist? Schnell mußten wir etwas unternehmen. Ein Producer rief bei den TV-Kollegen an, erklärte unsere Misere, und zum Glück verstand man unser Problem und strahlte die Sendung mit dieser Familie erst Wochen nach unserer aus. Das war ein Schock für unser ganzes Team. Teil drei verlief aber dennoch am 5. 3. 1999 ganz wunderbar. Unsere Psychologin atmete auf, und wenn sie nicht gestorben sind, dann leben sie hoffentlich heute noch glücklich und in voller Harmonie.

Was man von mir nicht behaupten kann. Zwar attestierte mir das GEWIS-Institut Mitte März 1999 laut aktueller Umfrage eine 49prozentige Glaubwürdigkeit (andere Moderatoren bekommen bei diesen Zahlen tränende Augen), aber durch den Schmuddel-Talk-Skandal saß ich in einem Krisenloch. Zwar gibt es den Spruch: »Ist der Ruf erst einmal ruiniert, lebt es sich ganz ungeniert!« Aber ich habe Angst, dadurch meine Sendung zu verlieren. Obwohl es noch genug Leute gibt, die mich gar nicht kennen. Beispiel Nummer eins: der Großindustrielle Karl F. Per Zufall traf ich ihn am 28. Juni 1998 am Wörthersee, ich moderierte durch den Abend. Irgendwann wollte ich höflich sein, ging zu seinem Tisch mit »Guten Abend!« Er wunderte sich und fragte seine Frau Ingrid lautstark: »Wer ist diese Frau?« Ingrid antwortete: »Karl, die Moderatorin.« Mir war klar, für sie war ich eine Unbekannte, halt die Moderatorin des Abends.

Beispiel Nummer zwei: Medienmogul Leo Kirch. In einem *SZ*-Interview (*SZ* 22. 10. 1996), man gab ihm Seite 3, stellte der *SZ*-Redakteur ihm die Frage, ob er Heike Makatsch oder Arabella Kiesbauer besser finde. Darauf antwortete Leo Kirch: »Ich kenne keine von beiden!«

So etwas beruhig ungemein, wenn zwei sehr wichtige Menschen vom Talkshow-Virus noch nicht befallen sind. Denn Fakt ist, er breitet sich weiter aus. Auf allen Kanälen wird getalkt von früh bis spät. Da muß man nur das richtige Gegenmittel in Sachen Schmuddel-Talk finden. Nach meinen Erfahrungen hilft da nur: Game over für die nächste Phase der »erhöhten Presseaktivitäten in Sachen Schmuddeltalk«.

Der Schmu mit der Prominenz

Herbst 1996 lief mir Baron Alexander von Richthofen bei einem Cartier-Empfang in München wieder einmal über den Weg. Natürlich hatte er seinen Silberkrug dabei, denn er würde nie aus einem normalen Champagnerglas trinken. Sehr angeregt erklärte er mir seinen Lebensinhalt und zwar, sich nur mit Prominenten fotografieren zu lassen. Er verglich sein Spiel mit der Arbeit eines Jägers, schließlich würden dadurch die Prominenten quasi mit der Kamera »abgeschossen«. Tatsächlich engagierte er für eine Abendpauschale von 500 Mark einen professionellen Fotografen, der auf die Prominenten regelrecht angesetzt war, um ihnen die Frage zu stellen: »Wären Sie für ein Bild mit dem Baron bereit?« Jeder, der »ja« sagte, wurde entsprechend positioniert, ein Klick, und der Baron strahlte übers ganze Gesicht. Er erklärte mir, daß er 365 Tage im Jahr rund um die Uhr kostenlos »fressen« und »saufen« könne. Der Grund: Als Baron ist man ein gern gesehener Gast. Zumal wenn die umliegenden Gazetten auch Interesse an ihm persönlich haben.

Ich dachte mir natürlich, ohne »Fleiß kein Preis«. Wenn er ein Bild mit mir haben möchte, dann nur, wenn er in meine Sendung als Talkgast kommt. Thema ganz klar:

»Stil und Etikette«. Er gab mir sein Ehrenwort, und ein paar Monate später erlebte ich mit meiner Redaktion die Überraschung. Weil er nicht in die Day kommen wollte, luden wir ihn im Februar 1997 für die Night ein. Vier Tage vor der Sendung rief er bei uns an und sagte: »Ich möchte nicht, daß mein Name erwähnt wird!« Ich fragte bei ihm nach dem Grund, und er präsentierte mir als Ausrede: Streß mit seinem Vater. Das verstand ich natürlich, bat aber darum, ihn wenigstens mit Baron ansprechen zu dürfen.

Das machte ich dann auch, doch Tage später lautete die Schlagzeile einer Abendzeitung: »Falscher Baron entlarvt!« Natürlich war es Alexander, über den geschrieben wurde, der sich seit zweieinhalb Jahre in die Münchner Schickeria mit seinem »von und zu« leicht eingeschmuggelt hatte. Damit war es jetzt natürlich vorbei. Letztes Lebenszeichen von ihm: Eine Postkarte aus Frankfurt. Ich hoffe, er läßt dort seinen Schmu mit der Prominenz.

Aber da gibt es noch andere Kandidaten, die mit der Prominenz ihr Unwesen treiben. Mit an erster Stelle »schwarze Schafe« aus der Gastronomie. Zum Beispiel lud mein Onkel Ferry einmal einige andere Kiesbauers zum privaten Geburtstagessen ein. Damit es richtig schön wird, wählten wir ein ganz renommiertes Lokal, den »Marchfelderhof« in der Nähe von Wien. Wir brezelten uns dem Anlaß entsprechend ein bißchen auf, kamen zur Tür rein, und schon schrie der Geschäftsführer: »Stehen bleiben! Nur stehen bleiben!« Es blitzte wie wild, und ich sollte mich entsprechend positionieren. Kaum hatte er aufgehört, fing er mit etwas anderem an: »Bitte Frau Kiesbauer, jetzt kommt noch die Band ›Four Tops‹. Die singen

Soul, und da brauchen wir noch ein Bild.« Bevor ich die Situation verstanden hatte, ging das Blitzlichtgewitter schon wieder los. Jetzt wußte ich, warum das Lokal so berühmt ist. Dieser Geschäftsführer schlachtet wirklich alles aus. Endlich hatten wir unsere Ruhe und konnten bestellen.

Auf einmal setzte dieser ungehobelte Klotz sich an unseren Tisch und sagte: »Eigentlich wollte ich noch, daß ein Team vom ORF kommt. Aber die ›Seitenblicke‹-Redaktion schaffte es zeitlich nicht!« Meine Mutter konterte sofort: »Ich hoffe, die Rechnung geht aufs Haus, wenn das hier so eine Art Presseveranstaltung ist.« Der Besitzer und Geschäftsführer stand auf, zögerte. Und um diese peinliche Situation aufzulösen, sagte ich sofort: »Wenigstens auf einen Schnaps.« Er lächelte aufgesetzt und sagte streng: »Das schaun wir mal später!« Wir waren so froh, als er in der Küche verschwand. Wir freuten uns aufs Essen, schließlich essen alle Kiesbauers für ihr Leben gern. Doch was kam war: zähes Fleisch, ungenießbares Rotkraut und eine zu fette Ente. Wir bestellten uns einen Schnaps auf den Schreck, um das Zeug besser zu verdauen. Dann war die Rechnung noch fehlerhaft, wie sollte es anders sein, es wurde einfach zu viel berechnet. Und als wir uns bei dem geschäftstüchtigen Geschäftsführer beschweren wollten, war dieser schon weg.

Es ist sehr schwer, »privates Leben« vom »öffentlichen Leben« zu trennen. Dadurch wanzen sich auch sehr viele Schmarotzer an einen ran. Ich persönlich habe zwar noch nicht diese Erfahrung gemacht, aber als ich am 12. Dezember 1996 George Michael in London interviewte, erzählte er mir kurz davon. Nur sechs Journalisten aus aller Welt durften ihn interviewen, und ich war darunter.

Warum weiß ich bis heute noch nicht. Er hatte mich gemeinsam mit seinem Manager herausgesucht. George wirkte bedacht, überlegt und sehr ruhig. Ich glaube, er ist auch medienscheu. Und der Prozeß gegen Sony hat bei ihm Spuren hinterlassen, besonders im Freundesbereich. In dem Moment, in dem er seinen moralischen Kampf gegen den Plattengiganten antrat, verdünnisierten sich auch einige Freunde. Ich halte prominent sein deshalb für gefährlich, denn prominent sein bedeutet auch, falsche Freunde anzuziehen. Zum Glück wurde ich damit bis jetzt verschont.

Das andere Klischee, was Prominenten anhaftet, ist, sie hätten immer die teuersten Klamotten im Haus. Das trifft ebenfalls bei mir nicht zu. Ich bin ein sehr sparsamer Mensch. Nicht zuletzt durch die Hilfe meiner Talkshow-Gäste. Am 10. 9. 1996 bekam ich von den »fünf geizigsten Deutschen« ein paar Tips. Denn die teueren Sachen sind nicht unbedingt gut. Eine Millionärin sagte mir mal: »Ich bin nur Millionärin geworden, weil ich jeden Pfennig rumdrehe.« Danach lebten auch meine Talkgäste. Ich habe zum Beispiel mit meiner Mutter den Deal, das, was sie nicht mehr anzieht, ich bekomme, und was ich nicht mehr anziehe, sie bekommt! Das klappt wunderbar. Vor kurzem staubte ich sogar zwei wunderschöne Pelzmäntel ab. Die trug meine Mama vor 20 Jahren. Problem: Die Sachen schauen teilweise so crazy aus, daß ich die Klamotten nur in Berlin trage. In München würde mich damit jeder komisch anschauen. Ab und zu kaufe ich mir mal ein Designerteil. Das nimmt jedoch auch von Jahr zu Jahr ab, weil ich es nicht mag, daß auf Partys auch andere Damen damit rumlaufen.

Zum Beispiel letztes Jahr: Haargenau meinen sündhaft teuren Gucci-Rock hatte auch eine andere Frau an. Nur war sie wesentlich schlanker und von oben bis unten durchgestylt. Eben perfekt! Da hatte ich natürlich das Nachsehen. Die Dame nahm die ganze Sache übrigens sehr locker, kam auf mich zu und sprach mich auf die neue Kollektion dieses Designers an. Was sollte ich da schon sagen, schließlich kaufe ich nur vereinzelt Labels ein. Was im Frühjahr oder Winter jeden Jahres erscheint – dafür bin ich keine Spezialistin. Und die Roben, die ich immer zu den Preisverleihungen, Festen und Jubiläumsfeiern trage, werden mir entweder vom Sender geschenkt, von einer Stylistin geliehen oder stammen aus dem Schrank meiner Mutter. Mittlerweile fehlen mir aber auch die Anlässe für solch teure Kleider.

Komischerweise werde ich seit einiger Zeit nicht mehr für Preise nominiert. Ob das wohl mit dem Schmuddel-Talk-Skandal zusammenhängt? 1994 bekam ich den »Bayerischen Fernsehpreis«. Mit Gipsbein hielt ich damals meine Dankesrede. Im gleichen Jahr erhielt ich den *Bravo*-Leserpreis »Otto« in Bronze und wurde von den Lesern des *Musikexpress* zu beliebtesten Talkmasterin gekürt. 1995 freute ich mich über »Das goldene Kabel« als Talk-Newcomerin. Und das ist das Ende der Fahnenstange, danach praktisch »tote Hose«.

Als Prominenter kann man einfach so als »abgeschrieben« deklariert werden. Bestes Beispiel die Moderatorin Margarete S: Nach ihrem Sendungsflop wird sie kaum noch zu gesellschaftlichen Events eingeladen. In Zeitschriften und im TV sieht man sie sowieso nicht mehr. Ein regelrechter »Prominenten-Boykott«.

Das nächste Problem mit der Prominenz: »Man muß immer auf eine Entführung oder auf einen Überfall vorbereitet sein.« Ein Jahr lang sprach mein Bodyguard Markus mit mir über diese Problematik. Irgendwie ließ ich mich breitschlagen und machte einen Kurs »Sicherheitsübungen für Prominente« mit. Erste Gefahrenquelle: Der Ring an einer Hand. Wenn wirklich mal einer richtig zudrückt, kann er jemandem mit Ring die Finger brechen. Nächste Gefahrenquelle: Car-Kidnapping. Nachträglich habe ich in meinen Citroën eine Zentralverriegelung einbauen lassen. Heutzutage werden nämlich wirklich Prominente aus Autos rausgeklaut. Man muß nur an einer Kreuzung stehen, und schon ist man weg. Erinnern sie sich nur an die Reemtsma-Entführung!

Eine weitere Gefahrenquelle sind auch Bleistift oder Kugelschreiber eines Autogrammjägers. Ohne Probleme kann man mit solch einer Mine einen Menschen töten. Und wenn es einer drauf anlegt, dann hat man keine Chance. Also gut aufpassen heißt die Devise. Aber als Prominenter muß man nicht nur gut aufpassen, man muß auch gut verschleiern können. Wenn zum Beispiel irgend etwas Privates in »Turbulenzen« gerät, dann möchte ich selten, daß das veröffentlicht wird.

Obwohl ich meine Fans verstehe, daß sie am liebsten bei mir zu Hause wohnen wollen. Auch ich hätte mich in meiner Michael-Jackson-Phase am liebsten bei ihm zu Hause einquartiert. Ich reiste sogar mit 17 Jahren dem »King of Pop« hinterher. Weiter als Linz kam ich jedoch nicht.

Deshalb bewundere ich besonders einen Fan von mir: Nicki P. aus Heilbronn. Ihre Leidenschaft zu meiner Wenigkeit begann mit ihrem 15. Geburtstag. Die Publikums-Tickets waren das Geburtstagsgeschenk, und die Sendung vom 2. 11. 1994 hieß »Dessous und Liebestöter«. Um mir näherzukommen, trat sie ihre Lehrstelle in Unterföhring (Nähe Arabella-Studio) an. Bis zum heutigen Tag zeichnet ihre Mama jede »Arabella Day« auf und archiviert sie automatisch. Und wenn Nicki mal in den Ferien oder am Wochenende nach Hause kommt, schaut sie natürlich die Sendungen an, die sie im Studio verpaßte. Schließlich schafft sie es nicht jeden Tag, bei mir vorbei zu schauen. Von ihr bekomme ich immer eine objektive Kritik aus erster Hand.

Nicki ist Fanclub-Mitglied, aber ich muß sagen, bei privaten Informationen halten alle dicht. Denn der Nachteil vom Prominent-Sein ist, daß sich die Leute gern auf »brandaktuelle« Informationen stürzen. Deshalb rechne ich es allen hoch an, daß die Information über den Tod meiner Großmutter nicht an die Öffentlichkeit sickerte.

Am Tag meines Geburtstags, am 8. 4. 1998 starb nämlich meine Omi. Dieser Schmerz war so tief, ich wollte wirklich nicht in der Öffentlichkeit mit Fremden darüber sprechen.

Eine innere Leere machte sich in mir breit, am liebsten hätte ich mich in eine der hintersten Ecken meiner Wohnung gelegt und wäre nie mehr aufgestanden. Die erste Woche mußte ich Sendungen, Interviews und Auftritte absagen. Ich wollte mich verkriechen, Abstand gewinnen und meine Gefühle ordnen. Doch dann: »The show must go on!« Wie eine Maschine mußte ich funktionieren, meinen Schmerz und meine Ohnmacht im Innersten meiner Seele verbergen. Schließlich wollte ich nicht, daß irgend jemand von ihrem Tod erfährt. Das Schrecklichste wäre für mich gewesen, von jemandem darauf angesprochen zu werden. Bis zur Beerdigung sickerte nichts durch, und meine Familie konnte in Frieden und aller Stille von meiner Großmutter Abschied nehmen.

Die beste Möglichkeit für mich wäre die Moderation einer Talkshow, ohne prominent zu sein. Aber was sage ich da, natürlich gibt es auch eine Sonnenseite. Zum Beispiel wollte ich mit meinen Freundinnen zu meinem 30. Geburtstag ins Wiener »Do & Co« im Haas-Haus gehen, eine gute Adresse: Stephansplatz. Eine meiner Freundinnen übernahm die Reservierung, jedoch hatte man keinen Tisch mehr für sechs Mann frei. Ich sagte zu ihr, jetzt rufe ich mal an. Und siehe da, für Frau Arabella Kiesbauer gab es einen leeren Sechsertisch. Zwar sind das Kleinigkeiten, aber sie versüßen das Prominenten-Dasein. Vielleicht wäre eine Gewerkschaft für Prominente die Lösung. Dann betreiben viele wenigstens nicht mehr so viel Schmu . . .

Meine Schlußmoderation

Seit fünf Jahren habe ich mit dieser bunten Welt der Talkshow ein wahrhaftes Liebesverhältnis. Man hat ja nun gesehen, was ich in dieser Zeit alles erlebte. Und ich bin stolz darauf, daß ich im TV-Dschungel überlebt habe.

So habe ich meiner langjährigen Mitarbeiterin und Freundin Yvonne Wirsing die Qual der Wahl überlassen, aus vielen Geschichten quasi die Rosinen rauszupicken.

Vorrangig war das Ziel dieses Buches, die Leser zu unterhalten. Aber es ist auch eine Art Histörchen darüber, was einen beim Fernsehen erwartet. Meine Talkshow ist wie ein Theaterstück. Aufgeführt in verschiedenen Theatern und immer mit neuen Akteuren. Wer die besten und lehrreichsten Akteure waren, muß der Leser feststellen. Wenn ich jedenfalls im Wiener Kaffeehaus mit Freunden sitze und erzähle, was ich erlebt habe, haben die sich über meine Geschichten immer sehr amüsiert. Ich hoffe, Ihnen erging es genauso.

Ich möchte mich hiermit auch bedanken, besonders bei denen, die mich in den letzten 30 Jahren ertragen und mir den Kopf gewaschen haben. Inklusive derer, die von mir nicht genug kriegen konnten. So oder so.
Arabella Kiesbauer

Danke . . .

Dieses Buch widme ich meiner Großmutter,
die mich lehrte, das Leben zu lieben.

Danke natürlich auch an:
Mama Hannelore
Fred Schuler
Hans Grunner
Christian Seidel
Gesamtes »Arabella-Team« von 1994 bis heute
ProSieben-Mannschaft
Jörg van Hooven
Dr. Georg Kofler
ORF

Der neue große Australien-Roman der Bestsellerautorin

Notgedrungen muß Brodie Court seine irische Heimat verlassen. Bei seiner Ankunft auf dem fünften Kontinent sieht er zum ersten Male in seinem Leben Opale und ist von ihrem Anblick so fasziniert, daß er beschließt, nur noch nach diesen geheimnisvoll leuchtenden Edelsteinen zu suchen ...

Machtvoll schildert Patricia Shaw das Leben eines Mannes, der aufbricht, um in Australien sein Glück zu suchen.

ISBN 3-404-12887-7

Mit 30 Jahren ist es an der Zeit, daß die »Neue Frau« ein Resümee ihres bisherigen Lebens zieht.
Für Felicitas lautet das Fazit: Den Traummann hat sie noch nicht kennengelernt – um ehrlich zu sein, nicht mal einen richtigen Mann, sie hat nur Till, der leider ewig nur ein »Schlaffi« bleiben wird. Warum, zum Teufel noch mal, kann sich ihre Freundin damit brüsten, wenigstens einen erfolgreichen Ehemann eingefangen zu haben? Ist Bescheidenheit angesagt, oder darf Felicitas noch hoffen?
Als sie Erik begegnet, kann sie das nicht für einen Zufall halten. Nur dumm, daß gerade eine Laufmasche ihre Strümpfe ruiniert hat. Doch immerhin hat Erik ihre Beine gesehen – und das läßt Felicitas hoffen ...

ISBN 3-404-16178-5

Da ihr Ex-Mann Hans-Günther lieber an seinem Image als Casanova arbeitet, statt sich hin und wieder um seine kleine Tochter Constance zu kümmern, hat Juliane wenig Anlaß zu nostalgischen Gefühlen. Vielmehr ist sie vollauf damit beschäftigt, als Nachtschwester ihren Lebensunterhalt zu verdienen und nicht allzusehr in Selbstmitleid zu versinken.

Im Krankenhaus lernt sie den sympathischen Architekten Jochen kennen, der allabendlich seinen Sohn Lukas auf der Säuglingsstation besucht, nachdem seine Frau bei der Geburt gestorben ist. Während ihrer Gespräche kommen die beiden sich näher. Doch dann steht eines Tages Hans-Günther vor der Tür, reumütig und mit dem Wunsch, ihrer Beziehung eine zweite Chance zu geben...

ISBN 3-404-12899-0

Ein erfrischender Roman – frech, witzig und auch ein bißchen romantisch

Antonia Abels ist Pharma-Referentin, alleinerziehende Mutter eines Sohnes und wünscht sich nichts sehnlicher, als schnellstens den Job zu wechseln und Chris Bosse zu heiraten. Erstens ist er sehr attraktiv und zweitens der Vater ihres Sohnes. Einziges Problem: Auch sieben wundervolle Jahre mit Antonia konnten Chris nicht dazu bewegen, sich endlich von seiner Frau scheiden zu lassen.

Irgendwann hat Antonia keine Lust mehr, sich weiter etwas vorzumachen, und nimmt ihr Leben selbst in die Hand: Sie bekommt ihren Traumjob als Redakteurin beim »top«Magazin – und kurz darauf einen netten jungen Nachbarn namens David Fink ...

ISBN 3-404-12889-3